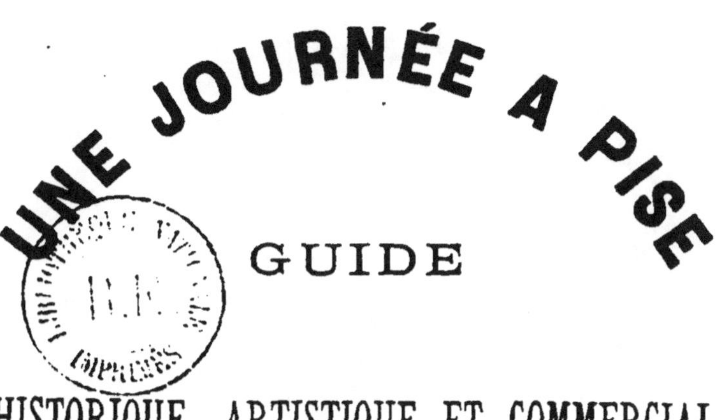

UNE JOURNÉE A PISE

GUIDE

HISTORIQUE. ARTISTIQUE ET COMMERCIAL

PAR

Eve DESTANTINS ANTHONY

Prix : 1 fr. 50

EN VENTE
CHEZ TOUS LES LIBRAIRES ET CHEZ L'AUTEUR
Sotto Borgo, 6, PISE

PRÉFACE

Afin de satisfaire à la demande de plusieurs étrangers, j'ai entrepris d'écrire en italien et en français un petit guide de Pise, dont le contenu est fort abrégé. Je me réserve de publier, au besoin, une seconde édition plus étendue.

J'espère que ce modeste ouvrage sera bien accueilli des touristes et des Pisans.

Mon but a été d'attirer toujours plus les étrangers dans cette ville dont le séjour est très agréable et qui est non moins illustre par son histoire que par ses monuments.

Il faut espérer que cette ancienne et jolie cité conservera son prestige bien mérité. On vient de l'embellir de belles et spacieuses rues, d'élégantes et commodes habitations, ce qui nous fait supposer qu'elle aura, plus encore que par le passé. le bonheur de recevoir un grand nombre de bienveillants étrangers, attirés par la douceur de son climat, par la beauté et la commodité de sa position, et par l'affabilité et la politesse de ses habitants.

EVE DESTANTINS ANTHONY.

HISTOIRE

D'après une respectable opinion (opinion très accréditée), Pise tire son origine d'une colonie grecque, qui y serait venue du Péloponèse bien avant l'ère vulgaire.

Pélops, fils de Tantale, roi de Phrygie, fut, dit-on, celui qui, arrivé en Italie sur le rivage de la Méditerranée, à l'embouchure de l'Arno, ayant trouvé dans le voisinage de la mer une plaine délicieuse arrosée par deux fleuves, l'Arno et le Serchio, y bâtit cette ville, qu'en mémoire de son ancienne patrie d'Elide, il appela *Pise*.

Virgile, le grand poète latin, nous apprend dans son *Enéide*, au liv. X^{e}, qu'un valeureux capitaine nommé Asila, vint au secours d'Enée à la tête de mille guerriers pisans; d'où il résulte que déjà dans ces temps reculés notre Pise était puissante.

Pour attester l'origine de Pise, je citerai ces vers de Virgile traduits en italien par Beverini :

> Degli uomini e degli Dei terzo scorreva
> Asila ....
> Mille lance da Pisa egli traeva
> In sembianze a vedersi orride e belle;
> Città, se fama il ver già non offusca,
> D'origin Greca e di terreno Etrusca.

Elle dut par la suite devenir une ville étrusque, et, sous les Romains, elle fit partie de la *Tribu Galéria*. Sa fidélité aux aigles romaines lui valut le nom de *Colonie Julie obséquieuse*. Elle fut alors ornée de temples magnifiques. de superbes thermes, de cirques et de théâtres.

A la chute de l'empire Romain, elle devint, comme les autres villes d'Italie, la proie des barbares et fut assujettie aux Longobards.

Cette cité est célèbre pour son port muni de trois tours qui reçut le nom de *Triturrita*. Il y avait encore jadis une grande quantité de tours dans la ville et dans ses environs, qui ont presque toutes disparu.

La puissance de Pise et son commerce furent très considérables au Moyen-Age; les exploits militaires de ses habitants la rendirent célèbre et lui procurèrent des privilèges et de grands honneurs.

Les Pisans défirent les Sarrasins près de Rome, en 1003 ; à Reggio de Calabre, en 1006, à Carthage, en 1030, à Palerme, en 1063, et plusieurs fois en Sardaigne. Ils prirent part à la première croisade en 1099 ; et l'un d'eux, *Cucco de Ricucchi*, fut le premier à monter sur les remparts de Jérusalem vaincue, dont l'archevêque Daïbert, pisan, devint patriarche. Tandis que Cucco de Ricucchi, portant l'étendard surmonté d'une croix en métal avec le Christ, était attentif à la bataille, la hampe tourna dans sa main, et le Christ se trouva la face vers lui. Alors il s'écria : *Continuez, Chrétiens, la victoire est à nous!* ce qui advint. De là l'usage des Pisans de porter le crucifix la face tournée vers le porteur.

Il est de tradition qu'en mémoire de ce miracle, le pontife Pascal II adopta depuis le même usage ainsi que les patriarches, les primats, les archevêques, les évêques et les prélats, qui ont pour privilège l'usage de la croix.

Les Pisans construisirent sur le mont Sion une forteresse qui porte encore le nom de *Tour des Pisans*.

En 1117, après une guerre longue et acharnée, les Pisans s'emparèrent des îles Baléares et firent prisonniers la femme et le fils du roi Nazaréodole.

La reine veuve de Nazaréodole et son fils Lambert se firent chrétiens. Une inscription, sur la façade du *Duomo*, indique qu'elle fut ensevelie dans cette ville.

Ces exploits et d'autres entreprises de la République de Pise, contre les barbares, accrurent sa puissance, sa richesse et sa renommée; mais les guerres fréquentes et surtout les luttes qu'elle eut à soutenir contre les Florentins, les Lucquois, les Gênois et d'autres peuples voisins, troublèrent trop souvent sa tranquillité et sa prospérité.

En 1134, les Pisans combattirent contre le roi Roger de Naples. Deux ans après ils surprirent Amalfi, la pillèrent et emportèrent le célèbre Code Justinien, c'est-à-dire les Pandectes.

Partisans de l'empereur Frédéric, ils s'attirèrent la haine d'une grande partie de l'Italie; plus tard ayant embrassé le parti des Gibelins, ils reconnurent son successeur et d'autres empereurs allemands.

L'inimitié entre Pise, Gênes et Florence fut continuelle. La paix de temps à autre conclue entre les trois rivales fut toujours de courte durée.

La catastrophe de la *Méloria*, en 1284, abattit irréparablement la puissance de Pise. Un grand nombre de ses enfants tombèrent en combattant auprès de ce fatal écueil, et empourprèrent de leur sang les eaux de la mer ; un grand nombre d'autres allèrent remplir les prisons de Gênes. Alors le soupçon de la trahison suffit pour sou lever les Pisans contre le Comte Ugolin de la Gherardesca. Celui-ci expia ses complots dans la *Tour*, — à jamais mémorable, — *de la Faim.*

Gouvernée alternativement par les Ghérardesca, par Dell'Agnello et par les Gambacorti, Pise subit bien des vicissitudes. Le 14 octobre 1406, cette illustre ville, affaiblie par ses discordes intestines et lâchement trahie par ses chefs, tomba au pouvoir des Florentins conduits par le fameux *Gino Capponi.*

Quatre-vingt-huit ans après, les Pisans, fatigués d'un lourd esclavage, se soulevèrent pour secouer le joug de leurs voisins, et les femmes autant que les hommes firent des prodiges de valeur pour reconquérir l'indépendance de la patrie ; mais ce fut en vain, car, abandonnés par le roi de France et à bout de ressources, ils durent se plier aux conditions des Florentins et subir de nouveau leur domination, au mois de juin de l'année 1509.

Sous les grands-ducs de Médicis, Pise se releva de son abaissement. Sa célèbre Université brilla d'une nouvelle splendeur en 1543, et, en 1561, l'Ordre des Chevaliers de Saint-Etienne y établit son siège principal, En 1571, elle eut encore la gloire d'avoir ses galères à la fameuse bataille de Lépante, où les susdits Chevaliers de l'Ordre de Saint-Etienne remportèrent une éclatante victoire sur Sélim II, près des iles Curzolari. Ferdinand Ier l'enrichit, l'embellit d'importants édifices, et lui procura le bienfait d'eaux salubres amenées par de longs aqueducs qui d'Asciano viennent jusqu'à Pise. Cette ville a reçu un grand nombre de bienfaits de la dynastie de Lorraine, et sous le gouvernement actuel elle n'a pas été moins favorisée parmi les villes du royaume, ce qui lui a permis de réaliser de grands progrès. Elle se promet, avec raison, d'obtenir de nouveaux et importants avantages, grâce à la vigilance de son syndic, M. le Com. Thomas Simonelli, et au zèle de son Député, M. le Prof. Ulisse Dini, lequel est toujours guidé par l'amour de sa patrie. Son préfet actuel, M. le baron François Brescia-Morra, bien que n'étant pas de la région, ne montre pas moins d'empressement à faire régner l'ordre et à donner une bonne direction à toutes choses. En 1859, son Université a recouvré la Faculté de Jurisprudence qui avait été transférée à Sienne. Elle a été embellie de nouveaux quartiers, de nouveaux édifices et de nouveaux Instituts pour la jeunesse.

De plus, elle a eu l'avantage d'avoir été choisie pour point central du réseau de la voie ferrée, ce qui contribue beaucoup à l'affluence des étrangers.

UNE JOURNÉE A PISE

I

PISE, chef-lieu de province qui comprend l'arrondissement de Volterra, est une ville très ancienne. Son histoire, comme nous l'avons déjà dit, se perd dans les ténèbres d'une époque fort reculée. Elle est située dans une plaine très fertile, à environ 10 kil. de la mer, et s'étend aux pieds des monts Pisans.

Son climat, doux et tempéré, attire chaque année une grande quantité d'étrangers qui, atteints principalement de maladies de poitrine, y trouvent un prompt soulagement. Pise mérite d'être visitée pour ses monuments qui, bien que peu nombreux, sont cependant dignes d'admiration par leur beauté et leur antiquité. — Sa population est de 26,514 habitants en ville, dans ses dépendances, elle en a 27,040, en tout 53,554, comme il résulte du dernier recensement qui a eu lieu le 1er janvier 1882.

L'eau, qui vient des monts d'Asciano, et qui est amenée en ville par le moyen d'un aqueduc de la longueur de 7 kil., est très légère.

La ville est entourée de murailles en forme de quadrilatère. Six portes y donnent accès :

celle de la *Barrière Victor-Emmanuel*, la plus rapprochée de la gare; celle de *Saint-Marc, ou Porte Florentine*, conduisant à Florence, en traversant la plaine Pisane; celle de *Porta a Mare*, ancien chemin conduisant à Livourne, passant par Saint-Pierre à Grado; la *Porta Nuova* conduisant à Viareggio, Spezia, Gênes, etc.; la *Porte de Lucques* qui conduit à la ville de ce nom; et la *Porte aux Plages*, sur les bords de l'Arno. De ce côté on va à *Calci*, où est située la Chartreuse dont nous parlerons plus tard. La même voie conduit aussi aux délicieux villages de Buti, Vico Pisano, Lugnano, S. Giovanni alla Vena, Cucigliano, Uliveto, lieux renommés pour leurs huiles exquises. Hors de ces portes se trouvent d'agréables promenades dont les principales sont: celle de la *Porte aux Plages*, sur les bords de l'Arno, ombragée d'arbres et ornée de gracieux bosquets; celle de la *Porta à Lucca*, bordée de platanes jusqu'aux Bains de Saint-Julien, lieu agréable dont nous parlerons également; et celle de la *Porte Neuve*, par laquelle on va aux *Cascine S. Rossore*, ancienne métairie ducale, aujourd'hui château de chasse du roi, et de là à la mer.

Pise est divisée par le fleuve Arno en deux parties qui communiquent par le moyen de trois ponts : le *Ponte di Mezzo*, le *Pont aux Plages*, ou *alla Fortezza*, et le *Pont Solferino*, appelé aussi *Pont Neuf*. Il y a encore, hors de la *Porta a Mare*, deux autres ponts: le pont de circonvallation, utile au commerce pour transporter les marchandises sans rentrer en ville;

et le pont de fer sur lequel passent les trains du chemin de fer. Les quais de l'Arno forment la promenade la plus belle et la plus animée de la ville et offrent un coup d'œil enchanteur. Ils portent les noms de *Lungarno Galileo*, *Gambacorti*, *Regio* et *Mediceo*. On compte à Pise quatre théâtres : deux diurnes placés hors des portes et deux nocturnes en ville, savoir : Teatro Nuovo, rue Palestro (pl. 52, C. 1) ; R. Teatro E. Rossi, place S. Niccola (pl. 53, C. 4) ; Politeama, hors de Porta a Piagge (pl. 54, D 23) ; Arena Federighi ou Garibaldi, hors la Porta a Lucca (pl. 55, A 6).

II

La première pensée du touriste qui visite Pise est de voir ses monuments et tout d'abord ceux qui sont réunis sur la place de la Cathédrale. Pour y aller, le voyageur, après avoir passé la *Barrière Victor-Emmanuel*, pourra prendre à son gré la rue *Fibonacci*, chemin plus court, ou la rue *Victor-Emmanuel*, qui, traversant le centre de la ville, est plus agréable. Par cette dernière, ayant passé devant la petite église de *S. Domenico* (pl. 44, D 7), il pourra s'arrêter afin de visiter l'église du Carmine (Carme) (pl. 9, D 6), à côté de laquelle se trouve l'*Hospice de Mendicité* ; puis, en continuant son chemin, ayant passé les *Logge de Banchi*, construites en 1605, par Buontalenti, pour Ferdinand Ier, transformées aujourd'hui en halle au blé, il arrivera au *Ponte di Mezzo* (Pont du Milieu), ayant à droite le palais de la Préfecture et à gauche l'ancien palais Gambacorti, actuellement la Commune.

Arrivé au milieu du pont, l'étranger sera émerveillé du magnifique aspect que présentent les deux quais de l'Arno.

Ce pont est mémorable à cause du combat simulé dit le *Jeu du Pont,* dans lequel deux factions de citoyens se disputaient le prix.

Une autre curiosité de Pise revient à notre esprit en ce lieu : c'est la fameuse *Luminara* (illumination) qu'on avait l'habitude de faire tous les trois ans pour la fête de S. Ranieri (Regnier), patron de la ville. De là, mieux qu'en tout autre endroit, l'on jouissait dans toute sa splendeur du spectacle féerique des *lungarni* illuminés par des dessins représentant d'anciens édifices qui apparaissaient tracés en bandes de feu sur le sombre champ de la nuit.

Il est à regretter que, depuis quelques années, cette fête qui appelait tant d'étrangers de toutes les parties du monde semble tombée dans l'oubli.

Au delà du pont, on rencontre la *Place du Pont* où stationnent les voitures publiques, puis on rentre dans le *Sotto Borgo* ou *via del Borgo*, rue bordée de portiques. Presque au commencement on voit une église dont la sombre façade présente le caractère d'une grande antiquité ; c'est l'église de *Saint-Michel*, (pl. 29, E 4) à laquelle était annexée une illustre *Abbaye des Camaldules.* Cette église a une crypte appréciée par les archéologues qui y voient un hypogée romain. Un peu plus loin vis-à-vis est le marché aux herbes.

A l'extrémité des portiques, prenant à gauche, vous trouverez la rue du *Mont de Piété*, et vous observerez dans un point, toujours à gauche, de chaque côté du magasin de l'orfèvre Bargellini, deux élégants chapiteaux surmontant des colonnes presque ensevelies qui appartenaient à l'ancienne église de Saint-Félix.

Par cette rue on va à la place des Chevaliers.

III

Piazza dei Cavalieri

Cette place tire son nom du palais et de l'église des Chevaliers de l'Ordre militaire de Saint-Etienne, à présent supprimé, et qui avait son siège principal à Pise. Autrefois c'était la place des Anciens, c'est-à-dire des Anciens de la République, qui y avaient leur palais devenu par la suite l'Ecole militaire des Chevaliers ou la *Carovana*, aujourd'hui *Ecole Normale Supérieure*. Au-dessus de la façade de ce palais se trouvent les bustes de six grands maîtres. La statue qui est devant représente Cosme Ier, fondateur de l'Ordre de Saint-Etienne. La statue, ainsi que la fontaine qui est à sa base, sont l'œuvre de *Francavilla*.

L'église de Saint-Etienne, dite des *Cavalieri* (Chevaliers) (pl. 18, D 3), s'élève avec sa belle façade de marbre sur une spacieuse place. On voit sur l'architrave de la porte une croix en agate qui porte cette inscription : *In hoc signo vinces* (avec ce signe tu vaincras).

Elle n'a qu'une nef et un seul autel en porphyre.

Sur cet autel est la statue du saint titulaire, sous laquelle se trouve un riche siége en bronze renfermant une partie d'un autre siége qui a appartenu au saint et plus bas, dans un reliquaire, se trouvent ses os. Les trophées suspendus aux parois, enlevés aux Turcs, rappellent les exploits des Chevaliers de l'ordre. Le riche plafond de l'église des Cavalieri mérite d'être observé. On y admire les précieuses peintures qui représentent la prise d'habit de Cosme Ier, par *Ludovic Cardi*, dit le Cigoli ; le retour de la bataille de Lépante, de *Jacopo Ligozzi* ; l'embarquement à Livourne de Marie de Médicis, par *Christophe Allori* ; la conquête de 4 navires turcs, de *Jacopo d'Empoli ;* la prise de la Prevesa, ou bataille de Nicopolis, de *Ligozzi* ; et enfin la prise de Bone, du même *Jacopo d'Empoli*. Dans les chapelles latérales on voit la lapidation de saint Etienne, du *Vasari* ; la multiplication des pains, par *Ludovic de Buti ;* la Nativité de J.-C., par Alexandre Allori, dit le *Bronzino*.

Cette église possède deux orgues, dont l'un à gauche est excellent. Il faut l'entendre pour Noël, à la messe de minuit, quand il est touché par l'habile organiste Henri Barsanti.

La place des Cavalieri est renommée à cause de la fameuse *Tour de la Muda*, dite aussi de la *Faim*, dans laquelle on fit mourir de faim le malheureux comte Ugolin de la Gherardesca avec ses enfants et ses neveux, comme le décrit le Dante dans le 33e chant de son Enfer. Elle était située sur l'aile droite du palais appelé aujourd'hui Finocchietti, lequel présente dans sa façade seulement quelques restes des belles fresques du *Paladini* et du *Maruscelli.*

A côté du petit oratoire de Saint-Roch, est le *Collège Puteano*, fondé par l'archevêque C. Ant. del Pozzo, pour 8 jeunes Piémontais qui y sont entretenus pendant leurs études universitaires. A l'angle, est situé le *palais du Conseil Provincial.* Entre l'ancien palais, qui était jadis le siége du *Conseil des Chevaliers*, et la *Maison Canoniale*, s'ouvre la rue *S. Frediano*, par laquelle on va à l'*Académie des Beaux-Arts*, (no 972), (pl. I, D 3) fondée en 1812 par Napoléon Ier, où se trouvent une galerie de tableaux antiques et des livres ecclésiastiques d'un grand prix en parchemin enluminé. En continuant de suivre ce chemin, on passe devant l'ancienne église de S. Frediano (pl. 23, D 3), et l'on arrive, non loin du Lungarno, à la R. Université, (pl. 50, CD 4), qui est une des plus anciennes d'Italie et qui contient la Bibliothèque publique. Cette Université, fondée par *Bonifacio della Gherardesca* en 1340, et en 1542 réorganisée par Cosme Ier, se compose de 4 facultés avec plus de 70 chaires. Faculté de Jurisprudence, Faculté de Philosophie et Lettres, Faculté de Médecine et Chirurgie, Faculté de Sciences physiques, Mathématiques et Sciences naturelles. Elle est et a été illustrée par les savants les plus éclairés, qui, en diverses époques, y instruisirent la jeunesse ; l'un des plus renommés est Galilée, dont la statue, placée d'abord dans la cour, en 1839, à l'occasion de la première assemblée des *Savants Italiens*, a été ensuite transportée dans l'Aula Magna (grande salle). La Bibliothèque (pl. 58, CD 4), qui fut ouverte au public en 1742, possède plus de cent mille volumes. Elle s'est formée en grande partie par la générosité des citoyens qui l'ont peu à peu augmentée. Je citerai parmi les dons les plus récents la partie nommée la Bibliothèque Carrara composée de 4.000 volumes de Jurisprudence sur le Droit civil et criminel, donnés en 1880 par M. Carrara, professeur de Droit criminel et l'une des célébrités de notre époque.

La famille du professeur Ferrucci, notre regretté Bibliothécaire que nous venons de perdre, a fait cadeau récemment d'environ 6.000 volumes sur l'Histoire, l'Archéologie et la Littérature.

La bibliothèque Carrara est ouverte au public le lundi, le mercredi et le vendredi.

A côté de l'église de Saint-Frediano, se trouve la résidence de l'Archiconfraternité de la Miséricorde, institution dont le but est de porter des secours en cas d'accidents, de transporter les malades à l'hôpital, et souvent d'accompagner les morts au cimetière.

Revenant à la place des Cavalieri, on s'achemine vers le Duomo (la cathédrale), en passant à côté de Saint-Sixte (pl. 36, C 3), église élevée par les Pisans en mémoire de plusieurs victoires remportées sur leurs ennemis le jour de la fête du dit saint (6 août).

Le presbytère de Saint-Sixte renferme le tombeau d'un Bonaparte, qui était professeur de médecine à Pise en 1744.

Puis, par Sainte-Euphrasie, on arrive sur la place du *Stellino*, et l'on peut, en prenant à droite, aller directement à la cathédrale, ou, si l'on préfère, par le côté opposé, au *Musée d'Histoire naturelle* et au *Jardin Botanique* (pl. 37, C 3), situés dans la belle rue Sainte-Marie.

Ce musée, un des plus anciens d'Italie, fut fondé en 1544; en 1563 il fut réorganisé par le célèbre Cesalpino. Le jardin a été créé, en 1595, par Joseph Benincasa.

En allant par la rue Sainte-Marie, vers le N., on trouve à droite l'ancien collège Ferdinand, fondé par Ferdinand Ier, l'an 1595, en faveur de quelques jeunes gens. Près de là est l'*Hospice des Enfants trouvés* (pl. 56, C 2).

IV

Il Duomo

Nous voici sur la place de la Cathédrale, où se présentent à nos yeux les ravissants et gigantesques monuments de la *Cathédrale*, de la *Tour penchée* et du *Baptistère*.

La cathédrale (pl. 22, B 1), construite en marbre, commença à être édifiée en 1063 sur l'emplacement de l'ancienne église de Sainte-Reparate. Une inscription fixée à la façade dit que les Pisans, avec les trésors enlevés aux barbares dans la conquête de Palerme, entreprirent ce superbe ouvrage sous la direction de l'architecte *Buschetto.* Son sépulcre est là, près du tombeau de la reine des îles Baléares, îles dont, par une éclatante victoire, les Pisans se rendirent maîtres en 1117.

FAÇADE DE LA CATHÉDRALE

Les trois merveilleuses portes en bronze (du côté de la façade), avec des bas-reliefs exprimant les principaux faits de la Vie de Notre-Seigneur et de la Vierge, furent exécutées, en 1602, par le

P. Dom. Partigiani, dominicain, et par *Ange Serrano*, sur les dessins de *Jean de Bologne*, du *Turini*, du *Mochi*, de *Jean dell'Opera* et de *Gaspard Mora*.

La façade, tournée au couchant, est ornée de 58 colonnes et d'arcades, qui forment 4 galeries de colonnettes superposées diminuant graduellement.

Au-dessus de ces galeries sont placées cinq statues, la plus élevée desquelles représente la Vierge. Elles sont du temps de *Niccola Pisano*.

La basilique, de la longueur de près de 100 mètres et de plus de 32 de largeur, a la forme d'une croix latine; elle a cinq nefs et est ornée de belles galeries et d'un riche plafond à caissons dorés. Un transept à 3 nefs la traverse. Dans la nef du milieu, on admire l'abside avec une grande mosaïque sur fond d'or représentant le Sauveur entre la Vierge et saint Jean-Baptiste, par *Cimabuë*, et au-dessus s'élève la magnifique voûte, dite du *Ghirlandajo*, parce qu'elle est décorée d'anges peints par cet artiste.

La coupole, de forme elliptique, fut peinte à l'huile par *Horace Riminaldi de Pise*. A un des grands piliers qui la soutiennent, le dernier à droite, est suspendu le précieux tableau de sainte Agnès d'*Andrea del Sarto*, et, en face, une Madone de *Pierino del Vaga*. Au milieu de la voûte est suspendu un lampadaire ancien, orné de petits enfants en bronze, de *Vincent Possenti* (1583). La tradition veut qu'en observant ses oscillations, le grand Galilée Galilei découvrit les lois du pendule.

Douze autels, ouvrage de *Stagio Stagi*, dont le dessin est attribué à Michel-Ange, avec de belles peintures, se trouvent placés le long des parois latérales du bras principal de la croisée, et l'un d'eux, celui qui est derrière la chaire, a un beau tableau d'*Andrea del Sarto*. On voit aussi sur les murs plusieurs toiles représentant des Bienheureux Pisans, tels que, en rentrant par une des 3 grandes portes, à gauche, le martyre du bienheureux Signoretto Alliata, par *Benvenuti*; la fondation de l'Hospice des Enfants Trouvés par le Bienheureux pisan Dominique Vernagalli, du peintre *Gaetano Gandolfi*; l'arrivée du Bienheureux Baudouin, archevêque pisan, en Sardaigne, au moment où il repousse le féroce juge d'Arborée, du peintre *Joseph Collignon*; le baptême de Lambert, fils du roi des Baléares, par *Laurent Pêcheux de Lyon*. A côté de ce tableau, se trouve l'autel dit des Anges, avec une très jolie peinture de *Ventura Salimbeni*; et, dans le tableau qui le suit, la tête de saint Torpè sauvée des flots, par *G. Bettino Ciguaroli*, puis le martyre du même saint pisan, par *Placide Costanzi*. Revenant aux 3 portes principales, on voit à droite la prise d'habit de sainte Bona, pisane, par *A. Cavallucci*; sainte Ubaldesca, pisane, qui soigne une infirme pendant la nuit, éclairée par un flambeau, sujet peint avec une rare habileté par *Dominique Calvi de Viterbo*; le Serment de Richard Cœur de Lion, en faveur des Pisans, près de Tolémaïde, par *Gius Bezzuoli*; Eugène III célébrant la messe devant les évêques orientaux, par *Jean Tempesti*, pisan;

le Bienheureux Pierre Gambacorti, pisan, devant le Pape Urbain IV, du peintre *Sébastien Conca;* et le même Bienheureux qui fonde l'ordre des Ermites de Saint-Jérôme, par *Franç. Mancini.* Dans l'autel contigu reposent les corps des saints martyrs Nicodème, disciple de J.-C., Gamaliele, maître de l'apôtre saint Paul, et Abibone, donnés aux Pisans par Godefroy de Bouillon, en 1100. Cet autel a été édifié sur un dessin de Michel-Ange. En face est un autre autel en marbre, travail de *Lino.*

Dans le transept Nord, on voit la Nativité, la Circoncision, l'Adoration des Mages, l'Aveugle-né, par *Aurèle Lomi;* la Dispute dans le Temple, par *Pierre Torri*, et une Vierge de *Dom. Cresti.* A l'extrémité de ce transept, est l'autel du Très-Saint Sacrement, qui a des gradins en argent, avec le précieux tabernacle, aussi en argent, dessiné par *G.-B. Foggini*, et exécuté par *Séb. Tamburini de Pise*, en 1692.

Derrière l'autel sont les statues de la Vierge, de l'Archange Gabriel, d'Adam et d'Eve, et plusieurs bas-reliefs de *Franç. Mosca*, dit le *Moschino.*

Les autres ouvrages en marbre sont du *Stagi.* Dans le haut, se trouvent la mosaïque de l'Annonciation, œuvre de *Gaddo Gaddi*, et la Foi et la Charité, d'*Antoine Marini.* En face des plus petites nefs, on voit deux statues de *Fancelli* : sainte Marie-Madeleine et sainte Christine.

De ce bras du transept, on vient, en tournant à gauche, à l'autel de la Madone de Sous-les-Orgues, pour laquelle on a une vénération particulière, et dont l'effigie, de style byzantin, ne se découvre que dans de graves circonstances.

Sur le mur latéral est peinte la Nativité de la Vierge Marie, par *Giacinto Corrado.*

Nous voici au chœur. Le maître-autel, érigé en 1774, est composé de marbres très rares. Son grand Crucifix en bronze est de *Jean de Bologne.*

De chaque côté des deux chaires épiscopales, on voit des tableaux d'*Andrea del Sarto.*

Derrière l'autel, dans le pourtour de l'abside, sont disposées en plusieurs rangs des peintures d'excellents artistes tels que : le *Beccafumi*, *De Labrugia, Sogliani*, *Sodoma*, *Salimbeni*, *Bélivert*, *Lomi*, *Guidotti*, *Rosselli*, *Manetti*, *Riminaldi*, *Gamberucci*, *Vannini* et le *Cinganelli*. Ces tableaux représentent des sujets bibliques. Les peintures les plus élevées, des arcs au plafond, sont à fresque et représentent des scènes de la vie de la Vierge Marie, par *Maruscelli* ; mais les prophètes sont du *Poccetti.*

Il faut aussi admirer les stalles du chœur, beau travail de marqueterie par *Julien de Majano*, par *Jules de S. Gallo*, par le *Serravallino*, par *Dom de Mariotto* et par *Jean B. Cervelliera*. La balustrade qui entoure le chœur est décorée d'ornements et d'arabesques avec marqueteries, jaspes, lapis-lazulis et d'autres marbres précieux. Les deux anges de bronze qui s'appuient sur cette balustrade sont de *Jean de Bologne*.

Dans l'autre bras du transept S. à gauche, se trouve le gracieux petit autel de S. Biagio, du

Stagi. La porte très ancienne et de style grec est en bronze, les toiles représentent des scènes de la vie de S. Ranieri, pisan, protecteur de Pise, dont le corps sacré repose au fond de la chapelle, dans la précieuse urne de marbre vert de polsevera, œuvre de *Faggini.* Le grand-duc Cosme III la fit édifier ; il fit aussi décorer de marbre toute cette chapelle. Les statues et les bas-reliefs de l'Assomption sont du *Mosca.*

L'antique mosaïque de la haute niche est du *Gaddi*, et les peintures du *Marini.* Les toiles où sont peintes encore des scènes de la vie de S. Ranieri représentent sa prise d'habit, du peintre *Ben. Luti* ; la délivrance de la Possédée, par *Dom. Muratori* ; la mort du Saint, par *Gius. Melani de Pise* ; et le miracle de l'enfant ressuscité, commencé par le peintre *Torelli* et achevé par *Lucie Casalina.*

Sur l'autel latéral qui fait face à la porte, est une Madone entourée de Saints, par *Pierino del Vaga*, lequel peignit aussi les deux petits enfants qui sont en haut sur la muraille.

En rentrant par l'autel de saint Ranieri, le bénitier entre la porte et le chœur, sur lequel s'élève une Vierge avec l'Enfant Jésus, a été fait d'après un modèle de Michel-Ange. Les deux autres. près des trois portes, l'un surmonté du Rédempteur, l'autre de saint Jean Baptiste, sont en bronze, modelés par *Jean de Bologne*, fondus par *Félix Palma de Masse.*

Plus de cent fenêtres, la plupart aux vitraux coloriés, donnent une douce et faible clarté très convenable à la majesté de ce lieu.

L'église primatiale pisane fut endommagée par un déplorable incendie dans la nuit du 25 octobre 1595. Une grande quantité des merveilles d'art qu'elle renfermait furent alors détruites. Sa restauration est due à la munificence de Ferdinand Ier et à la générosité des citoyens.

Cette auguste basilique fut consacrée avec une grande solennité, par le pape Gélase II, le 26 septembre 1119, C'est là que le pape Clément fut élu et couronné, on y tint aussi un grand Concile en 1409.

L'Archivio del Duomo renferme des chartes fort anciennes.

Quand Napoléon Ier vint à Pise, il s'empara d'un tableau du *Sodoma* représentant le Sacrifice d'Isaac, qui était dans la Cathédrale, et le porta à Paris ; mais en 1815 on dut le restituer parce que la Toscane le demanda et obtint de le ravoir au moyen d'un traité. Une copie de ce tableau est à Paris au Louvre ; mais l'original est ici.

V

Baptistère

Devant la façade de la Cathédrale s'élève majestueusement le Baptistère (pl. 15 B 1), de forme ronde, décoré à l'extérieur de deux rangs de colonnades : l'un, formé de vingt colonnes ; l'autre, qui lui est superposé, a une plus grande quantité de colonnes sur lesquelles s'élèvent d'élégants arcs surmontés d'aiguilles. D'autres aiguilles dominent de grandes croisées qui forment le dernier tour que surmonte enfin le dôme, au sommet duquel est placée la statue de saint Jean-Baptiste. Quatre portes donnent accès au Baptistère, qui, dans l'intérieur, est partagé en deux ordres d'architecture : le premier a 12 arcades à plein cintre soutenues par 8 grandes colonnes et par 4 piliers.

BAPTISTÈRE

Dans l'épaisseur de la muraille sont construits deux escaliers par lesquels on peut commodément monter aux galeries supérieures et aux secondes voûtes.

Au milieu, s'élèvent les Fonts Baptismaux de forme octogone, en marbre sculpté.

La statue en bronze de saint Jean, qui était autrefois au milieu de l'édifice, est placée maintenant au-dessus de la porte au couchant.

L'œuvre qui appelle davantage l'attention est la superbe chaire de *Nicolas de Pise*, qui est à juste titre regardée comme une des plus belles productions de l'art. Elle est de forme hexagonale, toute en fin marbre statuaire, soutenue par neuf colonnes, dont plusieurs sont appuyées sur le dos d'animaux féroces et sur des figures humaines groupés ensemble. Les chapiteaux et les arcs sont élégamment travaillés. Sur le soubassement sont sculptées cinq histoires évangéliques. On lit sur une bande de marbre l'éloge du grand artiste. Une chose digne d'observation, c'est que le plus léger bruit est renforcé par la répercussion que produisent les voûtes elliptiques et forme un écho admirable.

Ce remarquable monument fut commencé en l'an 1152.

VI

Camposanto

Ce grandiose édifice (pl. 16, B 1), œuvre de génie du célèbre sculpteur et architecte *Jean de Pise*, fut élevé par les soins de la République pisane en 1278, dans le lieu où se trouvait, au temps du paganisme, le temple d'Adrien, comme on le voit sur un ancien plan de Pise, fait par l'*architecte Bonanno*, l'an 800.

Le Camposanto (Cimetière) est de forme rectangulaire et renferme au centre une pelouse destinée autrefois à ensevelir les gens du peuple. Il est ouvert tous les jours du matin au soir sans excepter les jours de fête. (Sonner à la porte à gauche. Donner un pourboire au gardien.) Il est long de 135 m., large de 43 m. et haut de 15. Il a, à l'extérieur, 43 arcades reposant sur 44 pilastres dont les chapiteaux sont décorés de figures.

Cet enclos contient 53 galères de terre sainte provenant du Mont Calvaire, transportée de Jérusalem à Pise par les Pisans en 1192, comme raconte notre historien Tronci. Cette terre avait la propriété (on ne sait si par nature ou par prodige) de consumer les cadavres dans l'espace de 24 heures, et l'on croit que les trois cadavres peints au fond du tableau de *l'Organa*, dit le *Triomphe de la Mort*, représentent les trois états successifs du changement de ces corps : leur putréfaction, leur dissolution et leur réduction en poussière dans ce court espace de temps.

Quatre galeries avec 62 fenêtres en ogive et des colonnettes de style gothique entourent en long et en large ce champ sépulcral.

Dans les galeries se trouvent les tombeaux d'une grande quantité d'illustres citoyens dont les noms sont gravés sur chacun des monuments funéraires. On voit à droite et à gauche, le long de la muraille, des sarcophages, des urnes cinéraires, des statues mutilées et d'autres objets précieux par leur antiquité, qui rendent ce cimetière un *vrai et noble Musée*, comme il fut appelé par la reine Suédoise *Christine-Alexandrine*.

On y entre par deux portes ouvertes dans la façade antérieure ornée de piliers et d'arcs, lesquelles portes sont placées dans la perspective de la Cathédrale et du Baptistère. En entrant par la porte la plus rapprochée de ce dernier monument, on trouve à gauche les fresques de *Giotto*, qui représentent la pitoyable histoire de Job. Les derniers tableaux de cette histoire sont, dit-on, de *Nello de Vanni*, non de *François de Volterra* comme d'autres le prétendent. A l'aile occidentale, on voit l'histoire d'Esther, peinte par *Augustin Ghirlanda de Carrare*, et celle de Judith, par *Paul Guidotti*, lucquois. Il faut remarquer, sous la première peinture, le monument des comtes Boniface de la Gherardesca, de *Donoratico*, ouvrage de l'école pisane du XIVe siècle ; et celui de l'empereur Henri VII de Luxembourg, protecteur de Pise, appartenant au parti Gibelin, qui mourut à Buonconvento le 24 août 1313, et fut enseveli à Pise. On voit, au-dessus, de grosses chaînes suspendues à la muraille, ce sont les chaînes du port Pisan enlevées en 1362, par les Florentins et les Génois, restituées à Pise par la commune de Florence en 1848, et par celle de Gênes en 1860.

Nous voilà dans la longue galerie septentrionale. La première peinture nous présente la *Mappemonde céleste*, c'est-à-dire une série de sphères l'une dans l'autre, la Terre dans le centre et le Créateur qui les soutient. Cet ouvrage est établi selon le système de Ptolémée. Au bas sont les effigies de deux Docteurs : saint Augustin et saint Thomas. Cette peinture est de *Pietro di Puccio d'Orvieto*, elle a été attribuée à *Buffalmacco* Vient ensuite l'histoire de la Genèse depuis Adam jusqu'à Noé, par *Pierre d'Orvieto* et *Benozzo Gozzoli* ; de ce dernier sont aussi les sujets de l'Ancien Testament jusqu'à la prise de Jéricho, ainsi que les peintures de l'Annonciation et de l'Adoration des Mages. de la première chapelle, dans laquelle est une fresque de l'école de *Giotto* et un buste de saint Pierre, par *Luca della Robbia*. Il y a aussi une Madone de Taddeo Gaddi. Cette chapelle renferme encore le monument du professeur Ammannati (1359), par *Giovanni Pisano*.

A propos de la susdite peinture de l'adoration des Mages, il faut dire que, dans le jeune homme à cheval qui a la tête couverte d'un capuchon, Benozzo a voulu, à ce que l'on prétend, reproduire sa propre image.

Sur le sarcophage marqué du n° XVIII est un bas-relief de *Nicolas de Pise*, représentant la naissance de J.-C. A côté, est un autre sarcophage contenant les cendres d'Aldobrando del Bondo, surmonté d'un buste représentant Isotta, célèbre peintre de Rimini, œuvre de *Nino de Fiesole*. Le sarcophage n° XX renferme les cendres de Béatrix de Canossa, mère de la célèbre comtesse Mathilde, toutes deux bienfaitrices de notre basilique. Le mythe d'Hippolyte et de Phèdre est sculpté sur ce superbe monument d'art grec, qui a servi d'étude à Nicola Pisano. On voit aussi, sculptée sur le sarcophage nº XXX, la chasse de Méléagre.

Près de la porte de la chapelle Aulla, se trouve le tombeau du peintre Benozzo, que les Pisans, pour l'honorer, firent placer sous le tableau qui représente l'histoire de Joseph.

A l'aile orientale, on voit l'hippogriffe en bronze, qui était autrefois à l'Est du sommet de la cathédrale; sur sa croupe sont gravés des animaux et des inscriptions cophtes exprimant des souhaits de bonheur aux possesseurs du griffon.

A l'autre extrémité orientale, nous avons devant nous les peintures qui représentent des scènes de la vie du roi Ozias et le fameux festin de Balthazar, exécutées en 1666, par *Zacharie Rondinosi*.

Sous cette peinture se trouve le monument de Philippe Decio, qui a été professeur à Pise, œuvre de *Stagio Stagi de Pietrasanta* (1500).

On croit que la statue assise sous l'histoire de Moïse est le portrait de Henri VII ou de Frédéric Ier entouré de 4 conseillers.

La chapelle majeure surmontée d'une coupole fut élevée par l'archevêque dal Pozzo (c'est pourquoi on la dit Puteana). Le tableau représentant le saint titulaire, saint Jérôme, est d'*Aurèle Lomi*.

On voit, dans le pourtour de cette chapelle,

un crucifiement sur panneau, de *Giunta Pisano;* un saint Jean du *Clementone;* la Nativité, par *Corrado;* le Nazaréen avec Marthe et Madeleine, par *Rosselli;* un crucifiement sur parchemin, d'*Appolonius*, grec (XIIIe siècle); un autre crucifiement avec deux têtes, de *Giunta Pisano;* et quelques copies d'autres peintures, parmi lesquelles celle du Sacrifice d'Abraham, par *Razzi*, dont l'original est dans la cathédrale, copie qui fut exécutée par *Guillemont.*

Au sortir de la chapelle, on remarque à gauche l'Ascension, la Résurrection, attribuées à *Antoine Vite de Pistoie,* et le Christ en croix qui est de *Buffalmacco.*

Prenant ensuite la grande galerie méridionale, on voit à droite : le *Triomphe de la Mort*, le *Jugement universel*, peints par *André Orgagna*, et l'Enfer, par son frère *Bernard.* Sous le même tableau du Triomphe de la Mort, on voit encore les fameux cénotaphes Pisans, avec l'inscription sur marbre de deux décrets concernant la Colonie Julia obséquieuse (nom que porta Pise sous les Romains). L'un annonce la mort de Lucius César et l'autre celle de Caïus César, tous deux fils d'Auguste; ils ordonnent à la ville de Pise un deuil profond. Ces cénotaphes ont été décrits et appréciés par de savants écrivains et dernièrement par M. Clément Lupi (1).

Il faut observer, dans le tableau représentant le Jugement, le roi Salomon qui, sortant de

---

(1) Voir son livre imprimé à la typ. Mariotti, en 1879.

son tombeau, paraît indécis et semble se demander de quel côté il sera placé, le peintre ayant ainsi voulu figurer l'opinion incertaine où l'on est concernant le salut de ce roi.

Viennent ensuite les *Anachorètes de la Thébaïde*, par *Pierre Laurati*, puis l'Assomption, par *Simon Memmi*, sur la porte d'entrée.

La vie et les miracles du patron de Pise, S. Ranieri, et les exploits du martyr de Sardaigne, saint Ephèse, d'une admirable exécution, occupent le reste de la muraille jusqu'à l'autre porte par laquelle on est entré dans le Camposanto.

Le même *Simon Memmi* et *Antoine Veneziano*, en 1386, peignirent supérieurement les tableaux qui se rapportent à saint Ranieri, et *Spinello Aretino*, en 1390, ceux qui représentent des scènes de la vie de saint Potitus et les combats ainsi que le martyre de saint Ephèse; mais ils sont pour la plupart endommagés.

Le long de cette galerie méridionale se trouvent encore de précieux bas-reliefs, des urnes et des statues des écoles grecques, romaines et pisanes des temps antiques.

Mais à cause de la brièveté qui m'est imposée je ne puis les décrire minutieusement. Je ferai cependant connaître les monuments modernes, et, commençant à gauche de la porte d'entrée, je les nommerai par ordre.

Nº 1. — Monument érigé au célèbre oculiste André Vacca Berlinghieri, professeur de chirurgie à l'Université de Pise, mort en 1826, par *Albert Thorwaldsen*, danois, qui y a sculpté l'histoire de Tobie.

N° 2. — Monument consacré à Joseph Morosi de Ripafratta, célèbre mécanicien, mort en 1840. La Renommée qui y est sculptée est l'ouvrage de *Fraccaroli Veronese.*

N° 3. — Monument érigé à Vincent Marulli des ducs d'Ascoli, patricien napolitain, mort à Pise en 1808, par *Michel Van Lint.* Un Génie qui montre les œuvres du défunt est sculpté sur ce monument.

N° 4. — Inscription et effigie de l'avocat J.-B. Fanucci, pisan, auteur de l'histoire des trois célèbres peuples maritimes d'Italie, mort en 1834 par *François Storni.*

N° 5. — Un buste consacré à la mémoire de F. A. Puccinelli, par *Paul Folini de Pietrasanta.*

N° 6. — Monument représentant Thérèse des Comtes Wratislow de Prague, veuve Pozzo di Borgo (morte en 1830) ; son attitude indique qu'elle donne ses vêtements aux pauvres qui l'entourent. Par *Henri Van Lint de Pise.*

N° 7. — Monument représentant le Comte F. Del Testa del Tignoso, mort en 1824, par *Thomas Masi de Pise.*

N° 8. — Souvenir commémoratif pour les Pisans morts à Cortatone et à Montanara en 1848, par *Bilancini de Florence.*

N° 9. — Monument où est représentée l'Astronomie avec les signes du Zodiaque, par *Dupré,* dédié à Octave Fabrice Mossotti, professeur d'Astronomie à l'Université de Pise, né à Novare, et mort à Pise en 1863.

N° 10. — Monument érigé à Marie Selvaggia Borghini, célèbre poète pisan, morte en 1731, par *Henri Van Lint.*

N° 11. — Monument consacré à la mémoire du général de Villarej, mort à la bataille de Custosa, en 1866.

N° 12. — La statue de Giovanni, fils de Niccola Pisano, architecte du Camposanto, par le professeur *Salvino Salvini.*

N° 13. — Le buste du Comte Cavour, par le professeur *Vela de Milan.*

N° 14. — Monument consacré au professeur de physique Charles Matteucci (mort le 24 juin 1868), par *Dupré.*

N° 15. — Sculpture représentant le professeur Georges Regnoli, par *Bilancini* (1860).

N° 16. — Tombeau de la Comtesse Anastasie Schouwaloff de Saint-Pétersbourg, représentée sous l'emblème de la Mansuétude invoquant le secours du ciel. Sur le devant trois petites statues : la Foi, l'Espérance et la Charité, par *Michel Van Lint.*

N° 17. — Monument consacré au peintre J.-B. Tempesti, mort en 1804, avec une statue qui représente l'Amitié, par le professeur *Thomas Masi.*

N° 18. — Monument érigé au Philosophe-Historien-Fabuliste, Laurent Pignotti d'Arezzo, mort en 1812. La statue qui est sur le monument représente un génie tenant d'une main un flambeau renversé, de l'autre, une couronne, par *Stefano Ricci*, florentin.

N° 19. — Monument consacré à Pierre Cuppari, professeur d'Agronomie, mort le 3 février

1870, par le professeur *Pio Fedi de Florence.*

N° 20. — Buste du chev. Bruno Antonio Scorzi, marguillier de la Primatiale de Pise, à qui on doit les restaurations faites à cette église en 1826 et en 1830, mort en 1838, par *François Storni de Pise.*

N° 21. — Monument de Joseph Orosi, célèbre chimiste, mort le 14 décembre 1875, par *Hugue Cambi de Florence.*

N° 22. — Monument consacré au professeur Paul Mazzolo de Padoue, mort en 1868, par *Natale Sanavio de Padoue.*

N° 23. — Monument d'Alexandre Doveri, né à Livourne, professeur à Pise, où il est mort en 1872, par *Ange Blondi.*

N° 24. — Buste du Docteur J.-D. Anguillesi, mort en 1833, par *Louis Pampaloni de Florence.*

N° 25. — Monument du professeur Montanelli, mort à Fucecchio en 1862. Un bas-relief représente la proclamation de la Constitution à Livourne, en 1848, par *P. Romanelli de Florence.*

N° 26. — Statue de Léonard Fibonacci qui apporta les chiffres arabes en Europe, par *G. Paganucci de Florence* (1862).

N° 27. — Monument d'Alexandre Gherardesca, architecte pisan, par le prof. *Santarelli de Florence* (mort en 1852).

N° 28. — Le tombeau du Comte Mastiani Brunacci, mort en 1839, par le prof. *Bartolini de Florence.* Plus on regarde la statue qui est sur le tombeau (l'Inconsolable), plus on lui trouve une expression navrante.

N° 29. Monument où est représentée la Loi, dédié à Vincent Salvagnoli, né à Corniola d'Empoli, mort à Pise en 1861, par le prof. *Fantacchiotti de Florence.*

N° 30. — Monument d'Angélique Catalani, célèbre cantatrice, morte à Paris en 1849, par le prof. *Costoli de Florence.* Ce monument forme un groupe remarquable de 3 statues de grandeur naturelle. La plus élevée représente sainte Cécile patronne des musiciens. L'ange, assis dans une attitude pensive, a une sublime expression vitale.

N° 31. — Statue de Niccola Pisano, père de l'architecte du Camposanto et sculpteur de la superbe chaire du Baptistère, par le prof. *Salvino Salvini.*

N° 32. — Monument de César Camille Borghi, noble pisan, mort en 1847, par le prof. *Tommaso Masi.*

N° 33. — Monument élevé à la mémoire d'Alexandre Morrona, auteur de *"Pisa illustrata nell' arte del disegno"*, mort en 1824.

N° 34. — Monument consacré à la mémoire de Antoine Franceschi Quarantotto, mort en 1793.

N° 35. — Effigie de l'Architecte - Ingénieur Rodolphe Castinelli, par *Riginaldo Bilancini.*

N° 36. — Monument élevé à la mémoire du poète Ranieri Tempesti, mort en 1819.

N° 37. — Buste du chevalier Gaétan Savi, professeur d'Histoire Naturelle, mort en 1844, par *Jérôme Marconi de Pise.*

N° 38. — Souvenir commémoratif dédié à Jacopo Barzellotti, professeur de médecine, mort en 1843, par *Benedetto Mori Aretino*.

Le Camposanto est visible tous les jours du matin au soir, même les jours de fête. On n'a qu'à sonner à la porte à gauche (un pourboire au gardien). Une chose qui mérite d'être vue, c'est l'intérieur de cet édifice par un beau clair de lune. L'effet produit est ravissant. Si l'on veut assister à ce spectacle nocturne, il sera bon d'avertir à l'avance le gardien auquel on donnera un pourboire. Et, sans en dire plus long, nous reviendrons sur la place du Dôme, pour aller visiter la fameuse Tour penchée.

VII

Campanile

Ce surprenant édifice (pl. 22. B. I), fut commencé, en 1174, par l'architecte *Bonnanno de Pise*, et fut continué par *Jean d'Inspruck*, par *Jean Ennipotentano*, allemands, et par *Thomas de Pise*, lequel, à la moitié du XIVe siècle, ajouta la dernière spire où sont les cloches.

On a beaucoup discuté sur l'inclinaison de cette tour. Les uns veulent que cette inclinaison soit l'effet du hasard (par exemple un abaissement du sol); les autres sont d'avis que c'est avec préméditation qu'elle a été ainsi construite. Il ne manque pas de preuves pour appuyer la première opinion, telles que les étages inclinés des galeries, et un aqueduc pour l'écoulement des eaux, établi en sens inverse de l'inclinaison du clocher.

CAMPANILE OU TOUR PENCHÉE

La hauteur de la tour est de 54 mètres 474, et sa circonférence, à la base, de 48 mètres 638. Elle est, au dehors, entourée de 8 rangs de colonnes superposés les uns aux autres. Ces colonnes sont en tout au nombre de 207. Sur la porte d'entrée, des sujets en ronde-bosse représentent la Vierge avec l'Enfant Jésus, saint Pierre et saint Jean, œuvre de l'antique Ecole pisane. On voit à l'entrée d'autres bas-reliefs et parmi eux une tour avec deux navires, représentant peut-être la fameuse tour de la *Meloria*, œuvre de *Bonanno*, près de laquelle tour, en 1284, les Génois battirent complètement les Pisans.

Notre clocher est célèbre par l'expérience qu'y fit Galilée, à l'âge de 25 ans, sur la chute des corps graves, expérience qui établit les fondements de la dynamique, comme le dit une inscription latine placée au mur interne de la tour, dans lequel on trouve encore un reste de l'inscription sépulcrale de l'architecte Bonanno.

Par un escalier de 293 marches, on monte au septième étage, et par un autre escalier en colimaçon on arrive au sommet, d'où l'on jouit d'un panorama splendide. Ses 7 cloches ont un son harmonieux qui correspond aux 7 notes musicales. On ne peut monter au dernier étage moins de 3 personnes, afin qu'une surveillance puisse être exercée sur les personnes qui seraient tentées de se suicider.

VIII

Au sortir de la tour, l'étranger qui prendra la nouvelle et large rue *Torelli* trouvera à gauche la petite église de *S. Ranieri ou S. Ranierino* (pl. 33, B C I), église succursale de la Primatiale, construite en 1864, après la démolition de l'église du même nom qui se trouvait située à l'angle de la rue conduisant à l'Archevêché et dont la porte, dit la tradition, avait été dessinée par Michel-Ange. Attenante à cette église est l'habitation Curiale qui dépend du *Dôme* ainsi que les Archives des registres Baptismaux. En face, une petite rue mène à l'*Arcivescovado* (pl. 3, C I), (palais Archiépiscopal), édifice d'un aspect imposant construit en 1116 et rebâti vers la fin du XVIe siècle, agrandi par la suite et achevé en 1849.

Ce palais a une élégante cour, au centre de laquelle se trouve une statue de Moïse, œuvre de *Vaccà de Carrare*. La chapelle supérieure a été peinte par les frères *Melani*. Les archives archiépiscopales renferment des manuscrits antiques très précieux.

En continuant de suivre cette rue, on arrive au célèbre *Bain de Néron* (pl. 4, DI) près de la Porta a Lucca. C'est un ancien *sudatorium* des temps romains, de forme octogone, avec quatre majestueuses niches et des arcs à l'intérieur. Les savants ont beaucoup disserté sur cet imposant monument où donne accès une grille (cancello) ayant de chaque côté une inscription en marbre.

Vient ensuite l'église du martyr pisan saint Torpè (pl. 12, D1), construite sur l'emplacement du palais de Néron.

C'est près de là, dit-on, que se trouvait l'ancienne habitation royale du monarque Pélops, fondateur de Pise.

IX

Sainte-Catherine

Après avoir suivi une partie de la rue Sainte-Anne, si l'on tourne à gauche par celle de Sainte-Catherine, on arrive à l'église de ce nom (pl. 17, E 2), qui se présente avec sa façade de style gothique, ornée de plusieurs rangs de colonnes. A côté est le séminaire et le collège (pl. 7, E 1), jadis couvent des Dominicains, où vécurent des hommes illustres tels que : *B. Giordano de Rivalto, Dominique Cavalca, Barthélemy de S. Concordio* et *Alexandre Spina*, inventeur des lunettes.

La bibliothèque du Séminaire contient plus de 40,000 volumes et des manuscrits très anciens. Parmi les personnes qui l'ont enrichie, il faut citer l'archevêque Franceschi et le cardinal Corsi. Le dernier a légué à ce pieux institut sa riche bibliothèque dans la salle de laquelle on admire, entre autres choses, des peintures sur panneau du *Traini*, ancien et illustre peintre pisan.

A propos de ce célèbre couvent, il est intéressant de lire la *Chronique* de Fr. Dominique de Peccioli. L'église construite en 1253, d'après le dessin de *Guillaume Agnelli*, possède à l'intérieur deux beaux monuments funéraires en marbre ; l'un de ces monuments est le mausolée de l'archevêque Saltarelli par *Nino Pisano* (1342). Les tableaux des autels représentent des saints de l'ordre des Dominicains. Celui de saint Thomas d'Aquin, par *Franc. Traini*, pisan (1340), est très estimé. Le saint y est représenté assis au moment où lui viennent d'en haut les rayons du savoir ; plus bas que lui, se trouvent les nombreux disciples de sa doctrine. A côté de l'autel est une chaire que la constante tradition dit être celle d'où le savant Docteur, se trouvant à Pise, dicta ses saintes leçons. Une inscription en caractères gothiques, placée sur cette chaire et recouverte d'une plaque en cristal, dit :

HIC PISIS HAC IPSA HOSPES SUM SEDE LOQUTUS.
PISAS ET SEDEM NUNC QUOQUE GRATUS AMO.

Le tableau du pisan *Tempesti*, représentant la Vierge du Rosaire, est d'une belle conception.

La place de Sainte-Catherine est une des principales de Pise. Elle est de forme elliptique, ombragée à l'entour de platanes touffus. Au milieu s'élève la statue de Léopold Ier, du *Pampaloni*, avec la simple, mais éloquente inscription : « *Au Grand-Duc Pierre-Léopold premier, quarante ans après sa mort.* »

Allant ensuite vers l'Est, par la rue de Saint-Laurent, on trouvera à droite la *Banque Toscane*, et de suite en tournant, la rue Sainte-Elisabeth, par laquelle on va au remarquable temple de Saint-François.

X

S. FRANCESCO

L'église de Saint-François (pl. 10, E F 3), actuellement changée en dépôt d'artillerie, a été fondée avec le couvent annexe en 1211. Selon le Morrona, l'architecte *Nicolas de Pise* en est l'auteur. Il n'y a qu'une seule et grande nef ayant à son extrémité un transept avec plusieurs chapelles. D'élégants piliers octogones bordent le grand jubé et les chapelles latérales et soutiennent de majestueuses arcades de forme ogivale.

Les tableaux des autels sont l'œuvre d'habiles artistes qui ont aussi décoré notre Cathédrale. Les cérémonies religieuses se font dans une chapelle du couvent.

Le clocher est surprenant, car il pose par moitié sur un angle de l'église, tandis que l'autre moitié repose sur de forts appuis. On voit dans le cloître une grosse pierre sépulcrale près de la porte latérale de l'église, comme celle qui couvre la tombe du Ghérardesca et du fameux Comte Ugolin. L'inscription du sépulcre était ainsi conçue.

HIC REQ. . . . .
MAGNIFICI ET POTENTES VIRI DOMINI UGOLINI COMITIS DE DONORATICO QUI OBIIT DIE VIII.
JANUAR MCCC XXXXII

Les os des Ghérardesca furent enlevés de ce sépulcre par un gardien du couvent et transportés à Florence, comme le raconte notre *Dal Borgo*.

Vient ensuite une chapelle décorée de belles peintures à fresque exécutées, en 1391, par *Nicolas Petri*, disciple de Giotto.

Saint Bonaventure ayant tenu un chapitre

de Frères Mineurs dans cette chapelle, en 1255, elle fut appelée la *Chapelle du Chapitre de Saint-Bonaventure.* Une inscription latine dit que, dans ce Chapitre, fut établi pour la première fois l'usage de réciter la salutation Angélique, ou *Angelus Domini*, trois fois par jour, comme cela se pratique aujourd'hui dans tout le monde chrétien.

D'antiques fresques se trouvent aussi à la sacristie.

De Saint-François, en allant vers le Sud, nous viendrons à l'église de Saint-André, en traversant la rue du même nom. On prétend que c'est dans cette église que fut enseveli le malheureux *Piero delle Vigne*, secrétaire de l'Empereur Frédéric II.

De là on va à la nouvelle rue *Palestro*, et l'on trouve la Synagogue des Israélites.

Tournant à droite, on arrive, par une petite rue, à la nouvelle *Cour d'Assises*, et revenant par le même chemin (toujours à droite), on voit le grandiose *Théâtre Neuf*, après lequel vient la *Caserne de la Gendarmerie.* Vis-à-vis, à gauche, on rencontre l'ancienne église de S. Pierino.

XI

S. Pierino ou S. Pierre in Vinculis

Cette église (pl. 32, E 4), surnommée par le peuple S. Pierino, fut fondée en 1072.

Une porte latérale introduit dans la crypte

partagée en trois rangs de piliers que sur montent des arcs en demi-cercle qui soutiennent les voussures formées de grosses briques, comme celles qui se trouvent dans les bâtisses romaines.

On entre dans l'église supérieure du côté de la *rue Cavour* en montant plusieurs marches. Au-dessus du portail est un bel architrave, reste d'un ancien épistyle. L'objet qui dans cette église frappe l'attention est un Cruci fiement sur panneau, de l'ancienne école pisane. Au sortir, en tournant à gauche, on trouve la place de la *Berlina*, où s'élève une colonne avec la statue de l'Abondance, œuvre de *Pierin da Vinci*, neveu de l'immortel Léonard, et l'on rentre à Lungarno Mediceo.

Parmi les palais qu'on rencontre en descendant vers l'Est, nous citerons : celui du comte Agostini, qui a une belle façade clair-obscur : puis celui de Lanfranchi, maintenant Toscanelli, dont l'architecture est attribuée à Michel-Ange. La façade est tout en marbre. Il fut habité par Lord Byron en 1822. A côté est le palais de *Roncioni*, où l'on conserve les plus riches archives privées de Pise, qui renferment des parchemins du VIIIe et du XVIIIe siècle, et plusieurs documents de l'histoire du pays. L'Archiprêtre Raphaël, auteur des *Histoires Pisanes*, était de la famille Roncioni. Il mourut en 1618.

Nous voici, après avoir traversé la place de la Fontina, au célèbre *Palais Mediceo*, qui fut autrefois la première résidence des grands-ducs Médicis. Ce fut là que Cosme Ier tua son fils D. Garzia, pour venger la mort de son autre fils le Cardinal Jean, que D. Garzia avait par jalousie assassiné en 1562. Ce palais est devenu aujourd'hui la propriété du marquis Spinola qui l'a fait reconstruire dans son ancien style gothique.

XII

S. Matteo

L'église de Saint-Mathieu (pl. 45, E 45), fondée en 1027, ainsi que le monastère annexé, (aujourd'hui transformé en prison judiciaire), par Donna Teuta, femme d'Hildebert Albito, attire la curiosité du voyageur qui admire sa surprenante voûte peinte par les *Frères Melani de Pise.* Pour mieux jouir de tous les sujets religieux et des ornements d'architecture qui la décorent, il est nécessaire de s'arrêter au milieu de l'église, sur une petite pierre bleuâtre, octangulaire. De là, on aperçoit l'admirable artifice de ce travail, et la voûte se montre alors beaucoup plus élevée qu'elle ne l'est en réalité.

Nous voici à l'extrémité du quai : vous avez à gauche la rue Sainte-Marthe (pl. 27, F 4), où est l'église de ce nom édifiée en 1342, dans laquelle on voit à droite de l'autel une peinture qui représente la Nativité de Jésus-Christ, par *L. Pêcheux de Lyon*, et à gauche sainte Marthe agenouillée devant le Seigneur, par *G. B. Tempesti.* Il faut observer à droite de la porte d'entrée un Crucifiement sur panneau de l'ancienne école pisane.

Revenant vers Lungarno, vous avez encore à gauche la spacieuse place de Saint-Silvestre, (pl. 46, G 5). Dans l'église (maintenant fermée), est un remarquable bas-relief en terre cuite, ouvrage du célèbre *Della Robbia*. Du couvent annexe, on a fait une maison de correction pour les enfants.

Auprès du *pont de la Forteresse* ou des *Piagge*, se trouvent la Barrière et l'agréable promenade qui portent ce nom. Du pont, on jouit, de chaque côté, d'un admirable coup d'œil.

Lorsque vous avez traversé le pont, prenez le chemin que vous voyez sous une sombre voûte du palais Scotto-Corsini, vous entrerez dans l'enceinte de l'*antica fortezza* (pl. 2, F 7), construite en 1475, par les Florentins, quand ils se furent rendus maitres de Pise. La petite église qu'on rencontre à gauche est celle de *S.-Andrea in Chinseca*, où fut baptisé Galilée, et où est ensevelie la mère de S. Ranieri.

Toujours à gauche, à peu de pas de là, vient la maison où, le 18 février de l'an 1564, naquit de Vincent Galilei, florentin, officier de cette forteresse, et de Julie Ammannati de Pescia, le célèbre Galilée, dont la statue, comme il est déjà dit, se trouve dans la grande salle des hommes illustres de l'Université. A l'occasion du troisième Centenaire de sa naissance (18 février 1864), on a placé sur la porte de cette maison une pierre en marbre où sont gravés ces mots : *Ici naquit Galileo Galilei, le 18 février* 1564. On frappa aussi une médaille en commémoration de cet événement.

Les murs et les remparts de l'ancienne forteresse réunis au susdit palais Scotto-Corsini, forment une ravissante promenade, où l'on monte au moyen d'un escalier qui est dans la cour. Cette promenade se compose d'une longue galerie en arcades couverte d'un second passage en plein air, interrompu par des tourelles et des plates-formes plantées d'arbres et renfermant un beau jardin avec un charmant bosquet.

Dans ce vaste palais existe une suite de délicieuses salles, et l'on remarque particulièrement la plus grande, où sont de belles fresques du peintre Ademollo, représentant du côté droit: Enée quittant Didon, puis le serment des Troyens; sur le mur, entre les fenêtres, le malheureux Priam demande à Achille le corps de son fils; vient après le combat entre Pâris et Ménélas, et, en dernier lieu, la vieille Hécube, mère de Priam, qui va prier au Temple.

A chaque extrémité de cette salle se trouvent, dans deux grands meubles en acajou entourés de cristal, de la riche vaisselle, des porcelaines de Chine, une infinité d'objets de décoration pour tables à manger, en argent plaqué et en bronze doré. Au-dessus de ces meubles, il y a une collection de superbes vases en faïence et une infinité d'autres objets précieux.

Deux salles plus loin, vous trouvez encore des fresques où sont peints des traits d'histoire grecque, et près de la porte d'entrée un grand tableau offrant le portrait en grandeur naturelle de la noble dame Scotto, debout, habillée en velours noir, portant des bijoux de perles et d'émeraudes. Avec elle, est sa fille, la princesse Corsini. Cette dernière est représentée dans sa première jeunesse, vêtue de blanc avec parure de turquoises et de diamants, assise devant un piano.

Au rez-de-chaussée du palais est une petite chapelle dédiée à saint André Corsini, où l'on voit, en face la porte, un joli tableau qui représente le saint. Cette chapelle contient une quantité d'objets intéressants, entre autres un tableau où est peint un *Ecce Homo* attribué à l'école de *Leonardo da Vinci*, et deux grands cierges donnés par Pie IX. On peut y dire la messe et rien ne manque de ce qui est nécessaire pour les cérémonies religieuses : chasubles, aubes ornées de riches dentelles, etc. Tout le pavé du palais est en marbre à la vénitienne.

Du donjon regardant la porte Florentine, un escalier conduit à un souterrain qui, traversant sous l'Arno, va aboutir au fort de la Verruca.

Lorsque vous avez franchi une arcade faisant face à la maison où naquit Galilée, et qui était l'entrée occidentale de la forteresse, laissant à gauche la porte Florentine, tournez à droite dans la rue S. Martino et vous trouverez l'église de S. Martino (pl. 28, E 6.), construite par le comte Boniface de la Gherardesca. Elle a appartenu successivement aux Chanoines *Lateranensi* et aux Clarisses. C'est là que l'on conserve le corps de sainte Bone, pisane.

Après avoir parcouru une partie de la rue Saint-Martin, vous verrez à gauche, dans le mur d'une maison, une statuette qui, dit-on, représente *Chinseca de'Sismondi*, laquelle, en 1006, par un acte de courage héroïque, sauva sa patrie d'une invasion de Barbares conduits par le féroce Musetto, qui avaient tenté d'incendier la ville pendant la nuit.

A peu de pas, tournant à gauche vous rentrez dans la rue S. Giovannino, où est l'église S. Giovanni. En face est celle de Saint-Bernard avec le couvent annexé des *Cappuccine* (pl. 42 E 6). Et revenant encore à Saint Martin, vous trouverez bientôt à droite la place de Saint-Sépulcre.

XIII

S. Sepolcro

Saint-Sépulcre (pl. 35 E 5) est une église octogone, avec un dôme en pyramide. C'est l'ancienne église des Chevaliers de Malte, vulgairement dite S. Sepolcro, restaurée et rendue à sa forme primitive en 1860. On y entre en descendant quelques marches. A l'origine elle était au niveau de la place ; celle-ci ayant été par la suite rehaussée, ce n'est que de nos jours que cette église a été désensevelie. Dans l'intérieur, la coupole est soutenue par des arcs en ogive, et l'autel est au-dessous, isolé. Le temple a été construit par l'architecte *Diotisalvi*, l'an 1153.

En revenant dans la rue Saint-Martin, on trouve à gauche la nouvelle église Evangélique. A peu de distance, passant par la rue Traversa, on se retrouve sur le Lungarno Galileo, au palais de la Préfecture auquel est annexé le Tribunal et le bureau du Télégraphe.

Ayant passé les *Logge de Banchi*, vous ren contrerez l'ancien palais Gambacorti, qui a des fenêtres à double arcade soutenues au milieu par une colonnette, et vous arriverez au *Bureau de la Poste aux lettres*, (pl. 51, D 4. 5).

Peu après, au carrefour de deux rues, se présente la petite église de *Sainte-Christine*, (pl. 21, D 45) *célèbre parce que Sainte Catherine de Sienne* y reçut les stigmates le 1er avril 1375.

En commémoration de ce fait, on y a érigé un autel.

On voit enfin apparaître à droite sur les bords du fleuve ce charmant bijou d'art appelé *la Spina*.

XIV

Santa Maria della Spina

Sainte-Marie de l'Epine (pl. 26, C 5), est un petit temple, heureusement restauré de nos jours, qui, bien que de petite dimension, donne une idée du Saint-Ambroise de Milan. Tout y est mignon, mais d'un travail exquis. D'élégantes aiguilles, des statuettes, de petits tabernacles, des rosaces, et d'autres ouvrages en marbre très fins de sculpture embellissent l'église de trois côtés, mais surtout du côté méridional.

Elle a été édifiée en 1323 par le Sénat et par les soins de la famille Gualandi. C'est là que venaient prier les marins au moment de leur départ. Elle fut construite à la place d'un oratoire dit de *Sainte-Marie du Pont Neuf*. Ce pont fut emporté dans un débordement de l'Arno. Elle est appelée *Sainte-Marie de l'Epine* parce que, en 1333, une insigne relique de la Couronne sacrée d'épines de Notre-Seigneur y fut enfermée.

Les statues qu'on remarque dans l'intérieur, sur l'autel, sont de *Ninus de Pise*, lequel, comme l'a observé le Vasari, exprima l'effigie de son propre père dans une des statues représentant saint Pierre; mais les deux statues qui sont de chaque côté de l'autel, sont attribuées au *Moschino*. On voit encore une autre statue de *Ninus* entre les deux portes.

Cette église contient peu de tableaux et ceux-ci sont de *Jean-Antoine Razzi*. L'ornementation extérieure est en grande partie l'œuvre de *Jean de Pise* et de quelques-uns de ses élèves. (Sonner vis-à-vis, au nº 22, pour le gardien auquel on donne un pourboire.) De là, on monte par une douce pente au nouveau et élégant pont Solferino, commencé le 18 août 1871 et achevé le 10 avril 1875, sous la direction de l'architecte *Micheli*. En suivant toujours Lungarno Gambacorti, après avoir passé devant le monastère de *S. Benedetto* (Benoît) (pl. 41, B6), qui a sa façade ornée d'ouvrages en terre cuite exécutés de nos jours, on trouve la place de Saint-Paul.

XV

S. PAOLO

Nous voici à l'ancienne église *S. Paolo* (Saint-Paul), *a Ripa d'Arno* (pl. 31, B 6), qui était, dit-on, l'ancienne cathédrale de Pise. Fondée l'an 805, elle resta en possession des moines Vallombrosaniens jusqu'à l'an 1483. Il y a peu d'années qu'elle a été restaurée et remise dans son état primitif. Elle a trois nefs et un transept. Sa façade est ornée de plusieurs ordres de colonnes et d'arcs avec des encadrements, des feuillages et des bas-reliefs bizarres. A l'intérieur, une inscription contient l'éloge du célèbre *Burgundio de Pise*, un des plus doctes hellénistes du XIIe siècle, interprète des Pandectes.

Anciennement les murs de ce temple étaient couverts des peintures de *Buffalmacco*, de *Cimabuë* et de *Simon Memmi*. Il ne reste maintenant que deux ou trois sujets à fresque.

Sur un des autels est une Madone avec saint Ranieri et saint Torpè, pisans, peints par *Turino Vanni*.

Dans un jardin contigu au presbytère, on voit une ancienne chapelle de Sainte-Agathe, dont le sommet se termine en pyramide.

C'est dans cette église que l'on conserve le corps de sainte Anastasie, vierge et martyre, et la tête de sainte Agathe de Catanie.

Le maître-autel fut consacré par le bienheureux Eugène III, pape pisan, le 18 octobre 1149.

Derrière Saint-Paul est l'hospice des Orphelins, surnommé la *Qualconia*.

Il ne faut pas oublier de signaler que la partie des murs qui s'étend depuis Saint-Antoine jusqu'à Saint-Paul et au fort *Stampace*, situé à l'angle occidental, est célèbre à cause des combats mémorables qui eurent lieu en cet endroit entre les Pisans et les Florentins, au commencement du XVIe siècle. Ce fort, à moitié ruiné et impraticable, a des souterrains et des bastions.

XVI

Vu la brièveté de cet ouvrage, j'ai négligé de décrire bon nombre de rues peu importantes, cependant je parlerai encore de quelques-unes qui sont dans le centre de la ville, telles que : *Via del Borgo Largo* qui continue *via del Borgo* ou *Sotto Borgo.* De cette dernière voie, tournant à droite, on entre dans la rue Saint-François, le long de laquelle est située à gauche l'église de Sainte-Cécile (pl. 19, E 3), qui, dans la partie latérale, a deux anciens arcs de style moresque. La rue qui s'ouvre devant cette église en porte le nom. Un peu plus loin, à droite, on voit l'église de *S. Paolo all'Orto* (pl. 30, E 3).

A la fin de Borgo Largo, il y a deux rues, dont l'une conduit sur la place Sainte-Catherine, l'autre est la rue de Sainte-Anne, derrière laquelle se trouvent la rue et l'église S. Apollonia (pl. 14, D 2). Dans la rue Sainte-Anne, est le Royal Conservatoire des Jeunes Demoiselles, réuni à l'église aussi de Sainte-Anne.

De retour au Lungarno Regio, nous remonterons la place Saint-Nicolas, qui est ornée, au milieu, par une belle statue du *Francavilla*, représentant le grand-duc Ferdinand Ier, dont l'attitude indique le désir de soulager la ville de Pise, que symbolise une femme qui nourrit deux enfants.

A quelques pas, sur la droite, le R. Théâtre Ernest Rossi, autrefois *dei Ravvivati*, qui a été construit en 1770, et qui depuis peu a été restauré avec goût et élégance.

Au coin de la place, la façade sur Lungarno, est le *Palais Royal*, (pl. 49, C. 4), érigé en 1550, sous la direction de l'architecte *Bandinelli*.

Contiguë au palais, la façade donnant rue Sainte-Marie, est l'église de S. Niccola, (pl. 11, C. 4), à laquelle peut aller la famille Royale par des tribunes qui la réunissent au palais. Ce qui mérite le plus d'attention pour ce qui concerne cette église, c'est le célèbre clocher, un des plus beaux ouvrages de *Nicolas de Pise*, de forme octogone, divisé à l'extérieur en quatre étages.

Digne d'observation est aussi, dans l'intérieur, l'escalier établi avec un art extrême; il est soutenu par vingt-quatre colonnes de granit et de marbre. Le Vasari assure que cet escalier servit de modèle au Bramante, dans la construction de celui du belvédère à Rome, pour le pontife Jules II.

En sortant de l'église *S. Niccola*, on revient à Lungarno Regio à l'Est ; prenant au coin de la place S. Niccola, on trouve d'abord le palais Prini, puis, suivant toujours le quai, le palais Vitelli (pl. 5o, C 4), résidence des employés du roi, et, tout à fait à côté, le *Palais Uppezinghi*, anciennement Lanfreducci, dit aussi le *Palais de Marbre*, ou *Alla Giornata* (à la journée) (pl. 47, C D 4), à cause de la devise gravée sur l'architrave de la porte qu'on n'a pas encore su clairement expliquer, pas plus que l'on n'a su trouver la signification d'un morceau de chaîne qu'on y voit suspendue. Dans la petite galerie, le palais possède entre autres peintures, un tableau de *Guido Reni*, qui représentel'Amour divin et l'Amour terrestre.

Vous voyez à peu de distance une petite église nommée la *Madone des Galletti*, édifiée sur l'emplacement de l'ancienne *Porte Aurea*, mémorable pour avoir servi d'arc de triomphe aux Pisans lorsqu'ils revenaient victorieux de leurs entreprises militaires.

A peu de distance est un autre palais du comte Agostini, dont la façade de style gothique du XVe siècle est un travail en terre cuite.

Au rez-de-chaussée, est installé l'ancien et renommé café de l'Ussero.

De retour au Pont Solferino, on trouvera, après la descente à droite, l'*Eglise Anglaise*, (pl. 24, B 5) avec l'entrée sur la petite place de Santa Lucia; et reprenant la rue Solferino qui conduit directement à la cathédrale, on passera devant les nouveaux établissements de l'école de MÉDECINE

ET DE CHIRURGIE, édifice vaste et imposant qui a été exécuté sons la direction de *M. Corsani*, ingénieur communal. Cette école est très fréquentée par d'habiles professeurs et par un nombre considérable d'étudiants en médecine.

Au coin de cette même rue Solferino, et sur la place du *Duomo*, se trouvent les RR. HÔPITAUX RÉUNIS (pl. 5, B. 2). Rue Solferino, annexée aux RR. hôpitaux, est la petite église de santa Chiara (pl. 43, B 2).

Rebroussant chemin, toujours dans la rue Solferino, nous apercevons l'entrée du Jardin Botanique (pl. 37. C 3), ouvert au public depuis 9 heures du matin jusqu'à 4 heures du soir.

Revenant une autre fois à Lungarno Regio, nous trouvons, passé le Pont Solferino, les *Stallette* qui servent d'écuries à la garnison; et, à côté, la petite église de S. Vito, célèbre à cause du monastère auquel elle était réunie et dans lequel mourut le protecteur de Pise, S. Ranieri. On voit à quelques pas, l'antique édifice de la Tour et de la Citadelle, où est aujourd'hui la caserne occupée par un corps d'artillerie, le 7me régiment.

De là, on aperçoit le nouveau pont de fer construit hors de la ville, sur lequel passent les trains du chemin de fer.

Avant de quitter ce côté de la ville, nous dirons qu'il y a là un nouveau quartier où l'on voit de magnifiques habitations entourées de gracieux jardins donnant tous les agréments réunis de la ville et de la campagne.

De l'autre côté de l'Arno, vous trouvez encore plusieurs rues, parmi lesquelles une des plus importantes est la rue Saint Antoine, qui s'étend depuis la Spina, en passant devant la petite église de S. Cosimo et Damiano (pl. 20, C 5), jusqu'à l'église de Saint-Antoine. Cette dernière fut bâtie, ainsi que le couvent annexe, en 1341, pour les moines Arméniens de l'ordre de Saint-Basile, et appartint plus tard aux Serviteurs de Marie, qui y officient encore aujourd'hui.

On rencontre ensuite l'église et la rue de la *Madeleine* (pl. 25, D 5), maintenant rue Mazzini, à l'extrémité de laquelle est la maison où est mort Joseph Mazzini, le 10 mars 1872.

Dans cet endroit de Pise se trouvent aussi plusieurs nouvelles et belles rues qui toutes aboutissent au *Parterre de la Barrière Victor-Emanuel,* par lequel on pourra revenir à la gare du chemin de fer.

ENVIRONS DE PISE

XVII

S. Piero a Grado

En venant de la gare centrale, l'étranger peut, par un chemin situé à gauche vers l'ouest, passant de la *Porta a Mare* sur l'ancienne route de Livourne, aller visiter le plus ancien monument sacré de Pise. C'est l'insigne église de *S. Pietro a Grado*, ainsi appelée parce que jadis la mer allait jusque là, et qu'il y avait des marches pour descendre dans les barques. Une tradition reportée aussi par le cardinal Baronio, dans ses *Annales ecclésiastiques*, à l'an 44 de J.-C. et par d'autres auteurs, dit que l'apôtre saint Pierre, venant en Italie, aborda en ce lieu, poussé par la force des vents ; que ce fut là qu'il commença à prêcher l'Evangile aux Pisans ; qu'il y éleva même un autel sur lequel il célébra les divins mystères, autel que plus tard il fit consacrer par son disciple saint Clément. Lorsque celui-ci consacra l'église, tandis qu'il disait la messe, il saigna du nez et le sang coula sur la pierre de l'autel. Au Moyen-Age, pendant plusieurs années cette pierre fut portée en procession de S. Piero au *Duomo* et vice-versa. Elle fut par la suite taillée en morceaux pour en faire des reliques. Il n'en reste aujourd'hui qu'un seul fragment que l'on conserve dans la cathédrale, à droite de l'autel du Saint-Sacrement ; ce fragment est protégé par un réseau en fer.

L'ancien temple construit sur le même emplacement vers le XIe siècle, et qui possédait des peintures concernant la vie de saint Pierre et sa venue dans ce lieu, confirment cette tradition ; on en a un autre témoignage dans les fréquents pèlerinages que des régions les plus éloignées on faisait encore à ce pays au Moyen-Age, et dans le soin qu'eurent les anciens Pisans de conserver le temple et de l'embellir. Il ne présente plus maintenant que quelques restes de ses anciennes peintures et les portraits des Papes, depuis saint Pierre jusqu'à Jean XIV (an 969).

Il renferme trois nefs avec des colonnes en granit oriental et en marbre grec ; il a deux absides qui, à chaque extrémité, forment à peu près la proue et la poupe d'un navire, ce qui montre qu'on a voulu représenter dans ce temple le mystique Navire de saint Pierre, comme on a fait en ce qui concerne l'église du même saint à Tibériade de Palestine.

En 1630 et en 1791, on fit des restaurations qui changèrent assez l'extérieur de cet édifice. On y entre par une porte latérale ; son clocher est une antique tour qui s'aperçoit de loin, même par les personnes qui voyagent en chemin de fer, à mi-chemin entre Pise et Livourne.

Dans l'intérieur de l'église, on voit au centre de la grande nef, une petite ouverture fermée par une grille : on dit que c'est l'endroit où s'arrêta la barque dans laquelle était saint Pierre.

Plus loin, dans le lieu où, dit-on, le Saint célébrait la messe, s'élève un gracieux petit temple avec des colonnes, un autel et des statues de marbre.

La distance de Saint-Pierre a Grado à Pise est de 4 milles; et, en continuant toujours ce même chemin, on va au nouvel *Etablissement des bains de la Gorgona a Marina.*

XVIII

LA CHARTREUSE

Ce superbe édifice, qui semble un château royal, s'élève à six milles de Pise, vers l'est, sur un des plus beaux points des monts Pisans, dans la *Vallée Gracieuse*, près du pays de Calci, renommé pour son excellente huile d'olive connue et recherchée dans le commerce.

L'origine de la Chartreuse remonte à 1366 ; on la construisit avec les fonds qu'un Arménien avait laissés à cette intention.

Martin V, en 1426, réunit à cette Chartreuse les chartreux de l'île de la Gorgone, et Paul III, en 1538, confirma une telle union et la possession des biens ecclésiastiques.

Après la première moitié du XVIIIe siècle, elle fut très bien restaurée. Un ample cloître avec des colonnes de marbre et de superbes fontaines ; une splendide façade ayant un perron en marbre pour monter à l'église ; un beau groupe aussi en marbre représentant l'Assomption de la Vierge placé au sommet de l'édifice ; un beau réfectoire décoré de peintures avec de longs corridors et d'élégants escaliers ; une magnifique église avec des peintures du *Rolli*, du *Graziani*, du *Vanni*, du *Franceschini* et du *Chartreux Etienne Cassiani* ; de gracieuses chapelles avec des pavés où sont représentés toutes sortes de dessins : voilà, en peu de mots (pour nous taire sur bien d'autres choses) ce qui véritablement mérite d'attirer l'attention des visiteurs. Cette Chartreuse était une des plus riches avant sa suppression au temps de la domination française ; elle avait la possession de l'île de la Gorgone dans la Méditerranée.

Sur le sommet du mont, à gauche de la Chartreuse, se trouve l'ancien manoir de la Verruca.

XIX

La Verruca

Ce robuste édifice fut construit en vedette par les Pisans, au XIe siècle, pour épier les mouvements de l'ennemi et leur résister comme un rempart inaccessible ; il fut placé sur des roches escarpées. La porte est ingénieusement cachée parmi les rochers.

Dans l'enceinte d'une épaisse muraille, on voit une place vide où se trouvent, au-dessous, plusieurs citernes et des magasins. On croit qu'il y avait jadis aussi de profonds souterrains. La vue dont on jouit de cette hauteur est splendide.

En 1496, le pays et l'abbaye de Saint-Michel, qui étaient près de la Verruca, furent pris et détruits par les Florentins. Il n'en reste plus maintenant que quelques ruines.

XX

Uliveto et Vico Pisano

Sous le mont de la Verruca, et le long de l'Arno, on trouve le village d'*Uliveto* avec son nouvel établissement d'eaux thermales et ses carrières de pierres. Il y a également une pittoresque grotte dite la *Grotta del Pippi.*

Après avoir passé plusieurs jolis villages sur le rivage du fleuve, on arrive à *Vico Pisano,* où est la forteresse construite par *Philippe Brunelleschi.* Pour satisfaire les amateurs d'antiquités, nous leur indiquerons en outre les églises de *S. Cassiano* et de *Cascina*, de l'autre côté de l'Arno.

XXI

Bains de Saint-Julien

Au N.-E. de Pise, à la distance d'environ 4 milles, existe le village de Saint-Julien avec ses célèbres Thermes restés chers aux Pisans depuis les plus anciens temps, et restaurés au XIVe siècle. Ils furent beaucoup améliorés sous les grands-ducs Ferdinand Ier, en 1597, et François Ier, en 1742. Deux établissements de bains restent isolés sur la place, en face desquels s'élève un beau palais avec plusieurs vastes appartements, une salle de bal, des salons de jeu, etc.

Cet édifice étant adossé à la montagne, on peut, par derrière, monter en voiture jusqu'à l'étage du milieu.

Là, se trouvent des portiques et commencent d'agréables mais étroits chemins qui conduisent sur la montagne, parmi des plantes ombrageuses.

Ces bains sont fort fréquentés pendant l'été à cause de l'efficacité de leurs eaux. On peut y aller par le chemin de fer.

XXII

Les RR. Cascine di S. Rossore

En sortant par la Porte-Neuve, qui est vis-à-vis la Cathédrale, on trouve bientôt à gauche une longue et large route bordée d'arbres, laquelle va aux Casciñe, métairies royales avec un château de chasse du roi, situées au commencement des épaisses forêts qui s'étendent jusqu'à la mer. Deux statues en marbre se trouvent à l'arrivée. On rencontre à droite et à gauche de vastes prairies avant la grande place où sont les *Cascine* et d'autres édifices. Parmi les nombreux animaux qu'on entretient dans ce lieu, se trouve une grande quantité de chameaux, le seul troupeau qui existe en Europe.

Des allées en tous sens conduisent de la place dans plusieurs lieux agréables, tels que, à gauche, les *Cascine Nuove*, vers l'Arno. Une autre route va au Gombo, où existait autrefois un petit établissement de bains de mer qui a été reporté à Marina, ou Bocca d'Arno.

C'est aux bains du Gombo que mourut le poète Shelley, le 7 juillet 1822. Son ami lord Byron fit brûler le cadavre, et plus tard on enterra les cendres près de la pyramide de Sextius à Rome.

XXIII

Camposanto Suburbano

Hors de cette même *Porte Neuve*, en s'acheminant vers le Nord, on arrive au grand et nouveau cimetière, fermé par une série de galeries qui environnent le vaste champ où l'on ensevelit journellement.

De nouvelles galeries sont en construction, et les secondes, comme les premières, sont déjà remplies de sépultures, d'inscriptions funèbres et de monuments en grande partie élégants, et dont quelques-uns même méritent d'être remarqués comme travail artistiqne.

Ce cimetière public fut commencé vers la fin du dernier siècle, quand Léopold Ier défendit que les morts fussent ensevelis en ville.

Fin.

Offices, Bureaux et Etablissements publics et privés de la ville de Pise.

Archives d'Etat : rue Banchi avec l'entrée par le palais municipal.

Archives des notaires : rue S. Martino, nº 9.

Académie des Beaux-Arts : rue S. Frediano, nº 9.

Archevêché et Offices Ecclésiastiques de l'Archevêché : place dell'Arcivescovato.

Administration de la Liste Civile : palais Vitelli. Lungarno-Regio.

Archiconfrérie de la Miséricorde : pl. S. Frediano.

Banque nationale du royaume d'Italie : rue S. Martino, 5.

Banque d'Anticipation et d'Escompte : rue S. Martino, 9.

Banque Simonelli et Cie : place de Ricci, 6.

Banque nationale Toscane : rue S. Lorenzo, 28.

Bibliothèque circulaire : Sotto Borgo, 6.

Chambre de Commerce et Arts : rue degli Uffizi, 1.

Caisse d'épargne : place Donati, 2.

Cour d'Assises, rue Carmignani, derrière le théâtre Nuovo.

Commandement du 7e régiment d'artillerie : Cittadella, au bout de Lungarno Regio.

Commandement militaire de la place : rue Santa Maria.

Conservatoire de Sainte-Anne : rue Santa Anna.

Cabinet de chimie et de physique technologique : rue Santa Maria.

Cabinet de physique : place S. Simone.

Direction des Impôts de Consommation : rue dell'Olmo.

Direction des Offices de Vigilance de la Commune : rue des Uffizi.

Etablissement des Mineurs Corrigendi (maison de correction pour les enfants) : pl. S. Silvestro.

Ecoles techniques : rue S. Frediano, 9.

Ecoles communales de S. Michel : Sotto Borgo.

Etablissement Zooiatrique : rue Savi, près de la rue Solferino.

Gardes pompiers municipaux : rue del Moro.

Hospice des Enfants-Trouvés : rue Santa Maria, près du collège Ferdinand.

Hospice de Mendicité : rue Vittorio Emanuele.

Intendance de Finances, place S. Niccola.

Inspection et Gardes de publique sûreté : rue S. Martino, 3.

Institut Agraire : Sul Borghetto, hors de la porta a Piagge.

Lycée et Gymnase : rue Cavour, 2.

Juge-Conciliateur : Lungarno Gambacorti, 2.

Musée d'Histoire Naturelle : rue Santa Maria.

Jardin Botanique : rue Solferino.

Magasin de Sels et Tabacs : Lungarno Galileo, 8.

Mont-de-Piété : rue del Monte et place S. Felice.

Nouveaux établissements Anatomiques : rue Solferino.

Office communal : rue dell'Olmo, 1.

Office ou Bureau Postal : Lungarno Gambacorti, 3.

Office des Hypothèques : pl. S. Niccola.

Office de l'Inspection des Télégraphes : rue Mazzini.

Office du Génie Civil : place dei Cavalieri.

Office des Fleuves et Fossés : rue S. Spoolero.

Orfanotrofio Maschile (hospice des Orphelins) : rue S. Paolo a Ripa d'Arno.

Office ou Bureaux Télégraphiques : Lungarno Galileo, sous le palais de la préfecture.

Office ou Bureaux de la Préfecture : rue S. Martino, 1.

Pieuse maison de la Miséricorde : pl. S. Felice, 3.

Œuvre de la Primatiale : place del Duomo.

Office Provincial : place dei Cavalieri.

Pieuse maison de Charité pour les filles : rue della Carità.

Philarmonique Chorale et Orchestrale Vincent Galilei : rue S. Giovannino, 15.

Prisons de S. Mathieu : Lungarno Mediceo.

Préture du 1er et 2e Mandement : rue dell'Olmo, 14.

R. Université et Bibliothèque publique : rue S. Frediano.

R. Gendarmerie : rue Palestro.

RR. Hôpitaux : rue Solferino.

Séminaire et Collège Archiépiscopal : place Santa Caterina.

Stanzine (salles de lecture et de récréation) : sur le café de l'Arno, Lungarno Regio.

Trésorerie Provinciale : place S. Niccola.

Tribunal Civil et Correctionnel : Lungarno Galileo.

Vice-Consulat de l'Empire Germanique : rue della Faggiola.

Institut musical des Concordi : rue S. Frediano, 22.

Hôtels

Grand Hôtel : Lungarno Regio. Hôtel de premier ordre.

Hôtel Royal Victoria : Lungarno Regio. Hôtel de premier ordre. Banque succursale de MM. Maquay, Hooker et Cie, de Livourne.

Hôtel Grande Bretagne : Lungarno Regio, au Pont Solférino. Hôtel de premier ordre.

Hôtel Nettuno (Hôtel et restaurant) : Lungarno Regio. Hôtel de premier ordre.

Hôtel de Londres, près de la gare : rue Fibonacci, propriétaire A. Serandrei. Hôtel de premier ordre.

Grand Hôtel la Minerve et de la Ville. Restaurant Français et pension Anglo-Américaine : près de la Gare. François Guidotti propriétaire. Etablissement de premier ordre, qui offre à MM. les voyageurs tout le confort et l'avantage d'une très belle position exposée au midi. Salons de lecture et de réception avec piano, fumoir et jardin, Journaux étrangers. On parle les principales langues. Omnibus à la gare. *Prix modérés.*

Hôtel d'Europe et de Rome: Lungarno Mediceo. Hôtel de premier ordre.

Hôtel National, tenu par Victor Ascani. Chambres à 1 fr. 50, 2 fr., 3 fr. et plus. Diners à 2 fr., 2 fr. 50, 3 fr. et plus. Grande salle de restaurant et table d'hôte. Cet Hôtel, situé près de la gare, 2e maison à droite, offre à MM. les voyageurs tous les avantages, tant pour la modicité des prix que pour la ponctualité du service.

Hôtel Washinghton: Tout près de la gare, avec jardin Prix modérés. On parle les principales langues. Nouveau propriétaire. C. Parca.

Hôtel du Commerce et Ville de Milan. Tenu par Thomas Balestri. Prix modérés. Le seul à gauche près de la gare.

Auberge et restaurant de l'Unione. Dirigé par Judith Della Nave, place Vittorio Emanuele, nº 2, avec jardin, situé à la distance d'environ 60 mètres de la gare. Prix très modérés. Bon service.

Hôtel la Cervia, avec jardin: rue Tavoleria.

Auberge et Restaurant I Tre Re, tenu par Nicolas Banti: rue S. Martino, 6.

Pension Suisse: Lungarno Mediceo, 5.

Hôtel du Mont-Blanc. Pension à *St-Gervais-les-Bains*, chef-lieu de canton de la Haute-Savoie, sur la route de Chamounix, à 6 heures de Genève et à 8 heures d'Annecy par les diligences ou voitures particulières Station d'été recommandée par tous les médecins. Maison admirablement située. Position et vue exceptionnelles. Prix modérés. *A. Chambel*, propriétaire, ancien secrétaire du Grand Hôtel de l'Europe à Aix-les-Bains. *Family Home, English Church service. Several languages spoken.*

Villa Fraser: rue S. Michele degli Scalzi nº 23, hors de la porte a Piagge. On loue des appartements meublés. Excellent service. Vue magnifique sur la campagne.

Buffet de la gare: Excellent. Propriétaire Joseph Pellegrini.

Changeur

Cesare Cioni. Change de monnaies: Place du Pont.

Voitures

Voitures publiques et privées, de luxe, pour ville et la campagne, à 1 et 2 chevaux, de Rinaldo Campera: rue Vittorio Emanuele, 5, vis-à-vis le magasin Matteucci.

Giovanni et frères Bracci. Voitures, 219, etc.: rue Sta-Maria, 43.

Marchetti Sabatino: rue Franceschi. Voitures publiques et privées, de luxe, etc.

G. Andreani: rue dell'Olmo.

On trouve à la gare du Chemin de fer, près des hôtels et des principaux monuments, des *Ciceroni*. Leurs prix varient suivant les services qu'ils rendent.

Médecins

Professeur Com. Fedele Fedeli : rue Torelli, 3.

Professeur Charles Fedeli: rue Torelli, 3.

Professeur Chev. Gaetano Puccianti : rue Manzoni, 1.

Dr Chev. Antoine Feroci : rue della Faggiola, 2.

Professeur Rutilio Sbragia : rue Sta-Luccia .

Dr Frédéric Lombard, médecin-chirurgien de la Maison royale. Spécialiste pour les maladies secrètes et des femmes : rue Vittorio Emanuele 50, 2e étage. Reçoit pour les consultations tous les jours, depuis 4 jusqu'à 5 h. Cabinet médical, chirurgical Antonini, dirigé par MM. les docteurs Lombard et Antonini. Ouvert tous les jours pour les consultations gratuites, depuis 10, jusqu'à 11 h. De 11 heures jusqu'à midi, consultations particulières. *Electrotérapie Pneumothérapie. Cure des maladies des femmes.* Cures chirurgicales de tous genres : rue Solférino, 17, rez-de-chaussée.

Dr Oreste Gambini, médecin-chirurgien : place S. Francesco, 9.

Dr Samuel Galigo : rue Sta-Elisabetta.

Dr César Salama : rue S. Andrea.

Dr Ludovico del Chiappa, médecin-accoucheur : Borgo Largo.

Chirurgie

Professeur Com. Pascal Landi : rue du Risorgimento, 5.

Dr Iginio Pardocchi : rue Bonaini, Barrière Victor Emanuel.

Doct. Charles Pardocchi : rue Fibonacci.

Doct. Charles Layfield : rue Sta Cecilia, 13.

Doct. Dominique Barduzzi : rue Sta Maria, 95.

Doct. Chev. Léopold Peverada : rue Franceschi, 3.

Doct. Joseph-Martin Wedard, Médecin-Chirurgien : place S. Martin, 33.

Pour les accouchements et maladies des femmes

Professeur Com. Charles Minati : rue Sta Maria, 23.

Doct. Auguste Garzella : Hôpital.

Doct. Léopold Peverada : rue Franceschi.

Doct. Frédéric Lombard : rue Vittorio Emanuele, 50

Maladies Nerveuses et mentales

Professeur Chev. Benjamin Sadun : rue S. Andrea, 16.

Maladies des yeux
(*Oculiste*)

Doct. Frédéric Lampredi : rue du Risorgimento.

Maladies secrètes et de la peau

Doct. Dominique Barduzzi : rue Sta Maria, 95.

Docteur Frédéric Lombard : rue Vittorio Emanuele, 50.

Accoucheuses

Thérèse Franchini. Maîtresse sage-femme à la Maternité de Pise.

Ernestine Dainelli, sage-femme : rue Sta Maria, 57, 3e étage.

Chirurgiens-Dentistes

Doct. Paul Carreras : rue Sta Cecilia, 13.

Doct. dentiste. Serafino Pucci : près l'église des Capucins S. Guisto, barrière Vittorio Emanuele.

Pharmacies

Pharmacie Giovanni Canepa : rue Vittorio Emanuele. Fabrique d'eaux gazeuses, et d'eaux minérales : rue Palestro, 7.

Pharmacie Petri : rue S. Martino, au coin de la rue Vittorio Emanuele.

Pharmacie Anglaise, ci-devant Carrai. Tenue par le Chimiste-pharmacien François Devoto : Lungarno Regio.

Pharmacie et Droguerie Camille Paladini. Dépôt de toutes les spécialités médicinales nationales et étrangères. Les prescriptions sont exécutées avec soin. On se sert des plus parfaits produits chimiques-pharmaceutiques préparés dans les principaux laboratoires. — Grand assortiment de vins étrangers et nationaux. Cognac surfin, etc. Eaux minérales de Vichy et d'autres sources étrangères et du pays : Lungarno Regio, près du Pont Solferino.

Pharmacie Royale et Laboratoire Chimique d'Etienne Rossini, près de la rue Université : rue S. Frediano. Dépôt de toutes les spécialités d'Europe et d'Amérique. Liqueurs et vins étrangers et italiens, etc. — Grand assortiment d'articles en gomme élastique et d'appareils chirurgicaux, etc. Eaux minérales.

Pharmacie Bottari : Sotto Borgo.

Pharmacie Bartalini : Sotto Borgo.

Pharmacie Bartolacci, dirigée par Ferdinando Capecchi : rue Torelli, 1.

Cafés

Grand café dell'Arno : Lungarno Regio.

Serafino Burchi, fournisseur de la Maison Royale. Propriétaire du café et des billards dell'Ussero : Lungarno Regio. Propriétaire de la droguerie, pâtisserie et confiserie de Sotto Borgo. Spécialité de liqueurs et d'ouvrages en sucre pour décoration. Breveté aux expositions de Pise, de Livourne,. de Milan, de Londres, de Vienne et de Philadelphie.

Café et pâtisserie Ciardelli : Lungarno Regio.

Café l'Italia. Pâtisserie et droguerie Bagnani : Sotto Borgo

Café del Popolo. Ranieri Franceschi propriétaire : Sotto Borgo.

Café Roma : Lungarno Mediceo.

Pâtisseries et Drogueries

Droguerie Bazzelli Smith et Cie. Fabrique de liqueurs et de pâtisserie. Un magasin près de la gare, l'autre Lungarno Regio.

Phillippe Chiappa. Magasin de liqueurs et de vins étrangers : Lungarno Regio.

Pâtisserie et droguerie Misoch: Sotto Borgo.

Produits médicinaux, ferrements, plaques, couleurs, vernis, savons et autres articles. Frères Martin Wedard. Un magasin Sotto Borgo, un autre, rue S. Martino, 33.

Droguerie et dépôt de vins des meilleures collines Toscanes: rue S. Fradiano. Magasin de provisions, huile d'olive, savons, chandelles stéariques, etc : rue Santa Maria. Propriétaire Ranieri Carli.

Francesco Stefano Bini, négociant en huiles : à S.Giovanni alla Vena, province de Pise.

Débit normal de sels et tabacs d'Angelo Salvadori : Lungarno Regio, 1.

Dépôt et vente de pâtes de la fabrique médaillée de Joseph Paoletti de Pontedera. Dépôt de biscuits du Guelfi : Sotto Borgo.

Débit de sel et tabac, n° 5. Vente de vins choisis, etc. : Lungarno Mediceo, près du pont des Piagge.

Ancien magasin de Gustave Baroni. Successeur Giosaffate Baroni. Boulangerie et fabrique de pâtes. Vente d'huile, chandelles stéariques, etc. Rue Rigattieri, près la place de la Berlina.

Circolo ou Club des chasseurs Pisans

Lungarno Mediceo, n° 2, 1er étage. Cabinet de lecture de livres et de journaux regardant la chasse. Le but de ce club est d'étudier tout ce qui a rapport à la chasse, de promouvoir l'amélioration des races canines. Les salles du club sont ouvertes tous les jours de 10 heures à midi. — Les associés ont droit de présenter au club un chasseur amateur, pourvu qu'il n'habite pas dans la commune de Pise.

Sculpteurs

Galerie de sculpture en marbre et autres pierres, médaille aux expositions de 1858, 1868, 1873, 1878, de Joseph Andreoni : rue Santa Maria, 95, près de la cathédrale, 97. Agents. MM. Maquay Hooker et Cie, banquiers à Livourne, Correspondants : Baldwin Bross et Cie à New-York, A. G. *Mercer* à *Boston*, Davies Turner et Cie D.R. Mc Craken, London, Staveley et Cie, Liverpool. Reçoit des commissions pour les monuments de cimetières. On exécute des portraits en marbre au naturel. La ressemblance garantie.

Frères Mazzoni sculpteurs : rue Santa Maria, 87.

Huguet et Van Lint. Sculptures en marbre et en autres pierres. Grande collection de photographies d'E. Van Lint. Médaillé à Londres, à Paris, à Florence et à Pise : Place dei Cavalieri, près de la Tour du comte Ugolin.

Jean Barsanti sculpteur. Galeries de sculptures en marbre et en albâtre : Lung'Arno Regio, 2, à côté de l'hôtel Victoria et place du Dôme, 1, en face la Tour penchée.— Grand dépôt de photographies. — Correspondants en Angleterre et en Amérique.

Charles Leonori, sculpteur. Objets d'art en albâtre : rue Santa Maria, 68.

Antoine Leonori, fabricant d'objets d'art en marbre et albâtre. Fait remise sur les ventes de 10 pour cent. On reçoit les commissions et l'on expédie partout les objets acquis: rue Santa Maria près de la place dello Stellino, 35. Le transport de la marchandise est assuré jusqu'à destination ; on pourra payer la moitié au moment de l'achat, l'autre moitié à la réception. On garantit une prompte expédition par chemins de fer ou bateaux. Expéditionnaire : César Tremura à Livourne.

Emilio Giannasi, sculpteur. Objets d'art en marbre et autres pierres : rue Vittorio Emanuele. On reçoit les commissions.

Giuseppe Di Giolo, sculpteur : Lungarno Gambacorti, 24, en face Santa-Maria della Spina.— Collection de photographies. — *Carrara Marble Works, Volterra Alabaster Works.* — On reçoit les commissions.

Photographies

Photographie artistique : rue S. Francesco, 3.

Photographie instantanée de Mme Marie Choquet : Sotto Borgo, 8.

Établissement photographique de portraits de Huguet et van Lint : Lungarno Regio, près du Grand-Hôtel.

Librairies

Uebelhart, libraire-éditeur : Lungarno Regio, 6.

Ulrico Hoepli, libraire : Lungarno, Regio, 9. Littérature étrangère, ouvrages scientifiques. Maison principale à Milan.

Librairie Galilée.— Ancienne maison Nistri frères : Sotto Borgo. — Assortiment de livres anciens et modernes en tous genres. — Collection Tauchnitz, Lévy, Roret, etc.— Guides, Marrays, Baedeker, Joanne, du Pays, maison de Commission pour l'Europe, etc.

Librairie Luigi Giannelli : Sotto Borgo.

Salvestrini, libraire et relieur : rue S. Frediano.

Tempesti Michele, relieur de livres : rue Tavoleria, 18.

Lithographies Papeteries

Typographie Vannucchi : rue del Monte, 12.

Lithographie Gozani : place Castelletto, 5, et rue S. Frediano, 14.

Typographie, lithographie et papeterie. Médaillé à l'Exposition nationale de 1881 à Milan, de Giuseppe Meucci : rue Vittorio Emmanuele, 65, à Livourne, rue S. Frediano, à Pise.

Papeterie d'Antonio Lombardi : Sotto Borgo, 5, rue Vittorio Emanuele, 3, et kiosque sur la place du pont.

Papeterie Antonio Pizzanelli : Sotto Borgo, 25.

Typographie Mariotti : rue della Faggiola, 8.

Typographie et papeterie d'Angelo Valenti : Sotto Borgo et rue S. Frediano.

Imprimerie Orsolini, Prosperi : rue Borgo Largo, 12.

Typographie de la Maison Royale d'Ungher : rue S. Giuseppe.

Établissement musical de R. Zanetti et Lami : rue della Faggiola, 15. — Succursales : Borgo Largo, 9, et à Viareggio. — Pianos, harmoniums, instruments à vent, etc.

Instituts et Professeurs

Institut musical des Concordi : rue S. Frediano, 22.

Institut Baroni Piccioli : rue S. Francesco, 23.

Institut pour les jeunes filles. — Martini : rue S. Francesco, 2.

Institut-Pensionnat pour les jeunes filles. — Directrice, Mlle Amalia Abati. Les demoiselles reçoivent, dans cette institution, une éducation complète : rue Cacciarella, 13.

Institut-Pensionnat pour les jeunes filles. Institution de perfectionnement, dirigée par Mlle Emélie Capponi. — Autorisée par le gouvernement : rue della Tazza, 14, 2e étage, à Livourne.

Vittorio Castrucci, directeur de la chapelle de musique de la Primatiale pisane : rue S. Frediano, 14. Donne des leçons de piano, chant, contrepoint, etc.

Institut privé élémentaire, technique, gymnasial Vittorino da Feltre, dirigé par le prof. A. Della Pura, Sotto Borgo, 10.

Francesco et Vittoria Torri, dessinateurs, ont un magasin de dessin rue Santa Maria, 54, et donnent aussi des leçons de dessin et de peinture en tous genres.

Tito Gordini, prof. de dessin à l'Ecole R. Normale : rue Santa Appollonia, 5.

Colombo Colombi, professeur de piano et de chant : Lungarno Mediceo, 8.

Léopolda Padreddii, maîtresse de piano : rue del Giglio, 4.

Ida Stiatti, pianiste, donne des leçons de musique : rue Mazzini, 26.

Henri Barsanti, prof. de piano : rue S. Giuseppe.

B. W. Menocci et fille, maîtresses de langues : rue Niccola Pisano, 10.

Mlle Vittoria Biondi, maîtresse-normale-supérieure : rue du Campano.

Amérigo Venzy (piano) : rue Magenta, 5.

Antoine Dell'Omo (trompette) : rue S. Francesco, 3.

Giuseppe Menichetti (chant et piano) : rue Santa-Lucia.

Mme Clary d'Aste. Leçons de piano : rue S. Paolo a Ripa d'Arno, 9.

Eve Destantins Anthony, maîtresse de langues. Sotto Borgo, 6, 2e étage.

Chapeliers

Frères Saviozzi. Fournisseurs de la Maison Royale. Négociants chapeliers. Chapeaux des fabriques. Médailles nationales. Assortiment de fantaisie pour enfants, etc. On reçoit des commissions pour chapeaux, bonnets, etc. à prix modérés. Sotto Borgo.

Thomas Michi. Magasins d'optique et de chapeaux : Lungarno Regio.

Horlogers

Zefiiro Pasqualih, horloger : place du Pont.

Horlogerie Gucci : Borgo Largo.

Cesare Fillippi, horlogerie : Borgo Largo.

Francesco Gatti, orfèvre et argentier. Ancien magasin. Beaux assortiments : rue du Monte, 90.

Ancien magasin Bourgard, dirigé par Giuseppe Bellani, horloger de la Maison Royale : Lungarno Regio, n° 1.

Parfumerie

Giuseppe Buoncristiani : Lungarno Regio, 4. Slaon de coiffure, cravates, gants et autres objets de Paris.

Giacomo Suggi. Salon de coiffure, Parfumerie : Lungarno Mediceo, près du café Pietromani.

Mercerie Quincaillerie, etc

De'Cesari, magasin de quincailleries de luxe, merceries, gants, et autres spécialités. Broderies, laines, soies en tous genres pour exécuter des ouvrages, etc. : Sotto Borgo, 10.

Cesare del Guerra. Magasin de merceries, rue dei Rigattieri, 8.

Angioli di G. Straffa : Sotto Borgo, au coin de la rue S. Francesco. Magasin de nouveautés. Assortiment d'étoffes. Soie, laine, cotonnades nationales et étrangères.

Venturi Ranieri. Porcelaines et poteries : Lungarno Mediceo, près du Pont des Piagge.

Piétro Marconi. Fabrique de cristaux : rue du Piaggione.

Magasin de meubles et faiseuse de franges. Angiolina Papi : Borgo Largo, 17.

Rinaldo Gianni, magasin de porcelaines, cristaux et lampes, etc. : Borgo Largo, 17.

Tailleuses

Amalia Benedetti, tailleuse : Lungarno Mediceo, 15.

Francesca Berruti : rue St-Francesco, 3.

Maria Scalabrini, modiste : Lungarno Mediceo, 15.

Federiga Cecchi, tailleuse : rue Cariola, 22.

Burchi Serafino. Estimateur public et commissionnaire de ventes : place du *Montino*, 6.

Pietro Gallani : Estimateur et expert public.

Angiolo Cardosi. Cordonnier : Lungarno Mediceo, 2.

Riccardo Travaglini, marchand de fleurs : Lungarno Mediceo, 2.

Fonderie métallurgique. Bani et Calvelli, rue S. Nicolajo, 18. On exécute toutes sortes d'ouvrages en fer fondu ; on se charge de l'exécution et mise en œuvre de grilles, toitures, etc. Prix modérés à ne pas craindre de concurrence. Cette maison s'est chargée d'importantes fournitures pour la Poissonnerie de Pise, etc.

A. Bederlunger et Cie. — Fonderie et usine mécanique : rue Vittorio Emanuele, 50.

Clemente Rosi, ébéniste. Le seul qui répare les meubles antiques. Reçoit des commissions pour tous pays. Lungarno Mediceo, 4.

Etablissement de Bains d'eau de mer et d'eau douce.

A. Cecchcrini et frères : Lungarno Regio, près l'Arsenal Mediceo et les Stallette.

Assurances de Venise : rue S. Martino, 1.

Tarif pour les voitures publiques.

Dans l'intérieur de la Ville Voitures à un cheval.

Une course L	0.80
Première demi-heure	1.00
Chaque demi heure en plus	0.70

Hors de la Ville

Course de la station du chemin de fer en ville ou dans les faubourgs, et vice-versa	1.00
Course de la ville à l'extrême limite des faubourgs, et vice-versa	1.00

Dans le rayon de 3 kilomètres.

Une course	1.60
Première demi-heure	1.40
Chaque demi-heure en plus	0.80

Pour les voitures à deux chevaux on paie un tiers en plus.

Pour la nuit, dès qu'on aura allumé les lanternes, les prix fixés par le tarif sont augmentés de vingt centimes par course, ou par demi-heure.

Les bagages qui ne peuvent être placés dans les voitures paient de dix à trente centimes suivant leur volume.

Les demandes empressées qui ont été faites du présent *Guide de Pise* en ont hâté l'exécution, ce qui n'a pas permis de publier toutes les annonces commerciales des personnes qui auraient désiré être citées. Pour suppléer à cela, il sera prochainement publié une 2e édition. Les propriétaires d'hôtels, de magasins. d'usines, ainsi que les professeurs, etc., soit du pays soit étrangers, qui voudront être indiqués, pourront s'adresser à l'auteur *Eve Destantins Anthony*. maîtresse de langues. Sotto Borgo, 6, à Pise, Italie.

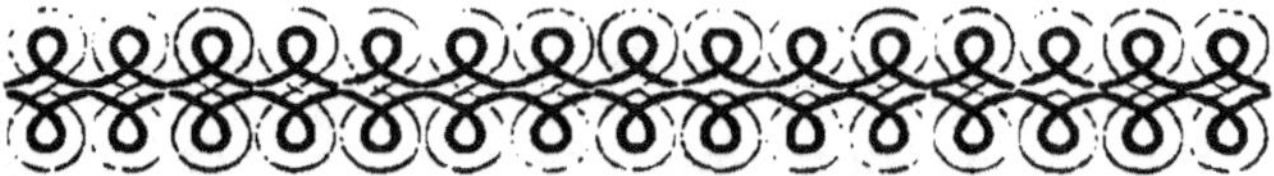

TABLE DES MATIÈRES

8544 — Imp. A. VALTENER et Cᵉ, Lyon.

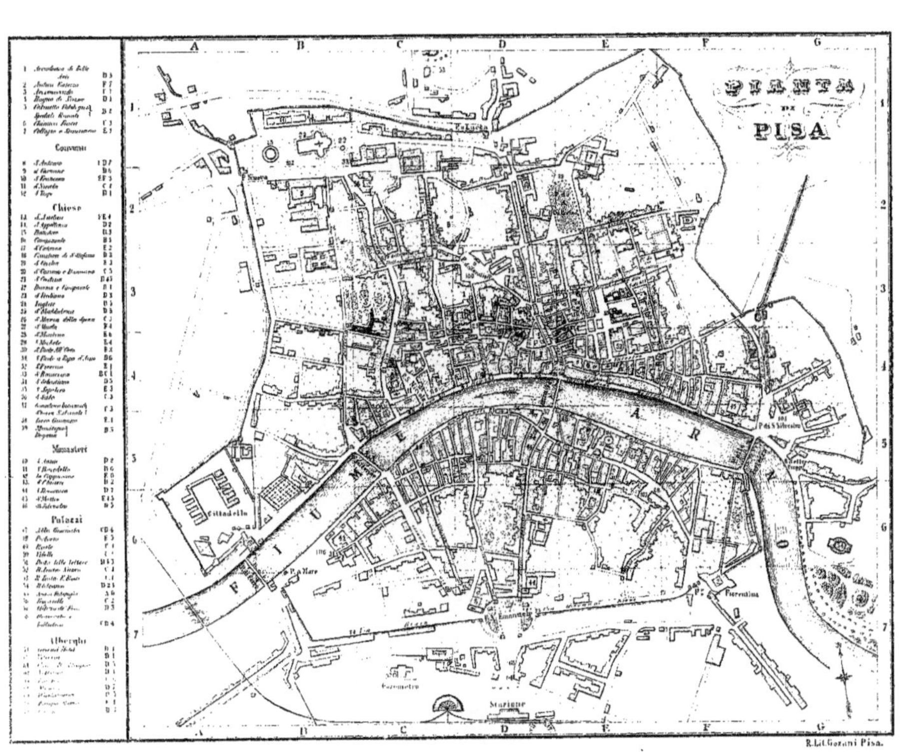

R.Lit.Gorani Pisa.

www.ingramcontent.com/pod-product-compliance
Lightning Source LLC
LaVergne TN
LVHW020449230826
846091LV00004B/1616
9782013666701